BENEDIKT AHLFELD

DIE FÜNF ERFOLGSPRINZIPIEN DES SELBSTMANAGEMENTS

W0012674

REDLINE | VERLAG

BENEDIKT AHLFELD

DIE FÜNF ERFOLGSPRINZIPIEN DES SELBSTMANAGEMENTS

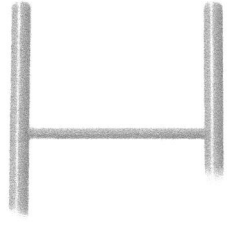

Verantwortung für sich übernehmen
und Ziele einfacher erreichen

Bibliografische Information der Deutschen Nationalbibliothek
Die Deutsche Nationalbibliothek verzeichnet diese Publikation in der Deutschen
Nationalbibliografie. Detaillierte bibliografische Daten sind im Internet über
http://dnb.d-nb.de abrufbar.

Für Fragen und Anregungen:
info@redline-verlag.de

1. Auflage 2021

© 2021 by Redline Verlag, ein Imprint der Münchner Verlagsgruppe GmbH,
Türkenstraße 89
D-80799 München
Tel.: 089 651285-0
Fax: 089 652096

Redaktion: Christiane Otto
Umschlaggestaltung: Marc Fischer
Umschlagabbildung: Orla/Treppe zum Himmel
Satz: ZeroSoft, Timişoara
Druck: GGP Media GmbH, Pößneck
Printed in Germany

ISBN Print 978-3-86881-850-5
ISBN E-Book (PDF) 978-3-96267-339-0
ISBN E-Book (EPUB, Mobi) 978-3-96267-340-6

Wir produzieren
nachhaltig
www.m-vg.de

Weitere Informationen zum Verlag finden Sie unter

www.redline-verlag.de
Beachten Sie auch unsere weiteren Verlage unter www.m-vg.de

INHALT

EINLEITUNG

Liebe Leserin, lieber Leser,

zum Beginn möchte ich dir aus tiefstem Herzen gratulieren, dass du dieses Buch aufgeschlagen hast. Du beschäftigst dich mit einem der vielleicht wichtigsten Themen unserer Zeit: sich selbst verantwortlich zu machen. Das ist einerseits unglaublich wichtig, kann andererseits aber auch etwas unangenehm sein, weil wir vielleicht die bisherige Komfortzone verlassen müssen. Du bist mutig genug, diesen Schritt zu gehen und volle Verantwortung zu übernehmen! Damit wirst du deine Ziele einfacher und schneller erreichen.

Ich muss zugeben: In meinen Jugendjahren war das bei mir nicht immer der Fall. Eine Situation ist mir im Gedächtnis geblieben, die das auf den Punkt bringt. Es war ein sonniger Frühlingstag im April 2002. Das schöne Wetter draußen konnte ich aber überhaupt nicht genießen. Ich war 14 Jahre jung, stand schon seit gefühlt einer Stunde vor dem Badezimmerspiegel und starrte meinen Körper an. Besonders stach mir etwas ins Auge, was ich selbst nicht an mir leiden konnte: Ich war einfach zu dick. Und an diesem Tag fand ich meinen Anblick sogar noch schlimmer, denn ich hatte auch noch einen Pickel mitten auf der Nase!

Plötzlich kam mein Vater durch die Tür und sah mich mit meinem frustrierten Gesichtsausdruck dastehen. Er wollte nur irgendetwas sagen, um mich zu beschwichtigen, und reagierte mit: »Ach Benni, mach dir keine Sorgen. Du hast nur schwere Knochen! Das ist in unserer Familie ganz normal.« Ich muss zugeben, in dem Moment haben mir seine Worte geholfen. Aus heutiger Sicht erkenne ich natürlich die positive Absicht dahinter. Gleichzeitig muss ich aber zugeben, dass in diesem Moment auch eine Art Selbstsabotage begann, denn nun hatte ich eine Ausrede dafür, warum ich nicht den Körper hatte, den ich haben wollte. Das Bequemste an dieser Ausrede war, dass ich nichts daran ändern konnte. Es war nicht meine Schuld, dass ich so schwer war, denn ich hatte ja schwere Knochen. So wie ich mich damals selbst belogen hatte, um mich kurzfristig besser zu fühlen, ergeht es uns allen immer wieder. In diesem Buch geht es darum, wie ich es geschafft habe, Schluss mit Ausreden wie dieser zu machen, die volle Verantwortung für mein Selbstmanagement zu übernehmen – und wie auch du das erreichen kannst!

Diese Ausreden, die sich in unseren Gedanken einschleichen, haben oft weitreichende Konsequenzen auf unser Leben. Wir handeln nicht immer auf der Basis einer bewussten Entscheidung, sondern meist nur aus einer Gewohnheit heraus. Unsere Vorannahmen über die Welt beeinflussen dabei, wie wir auf andere reagieren. So finden wir uns manchmal in Situationen wieder, in denen wir uns nachträglich gerne anders verhalten hätten. In dem Moment selbst jedoch waren wir unserem automatisierten Verhalten »ausgeliefert«. Verantwortung wird oft abgegeben. Befreie dich daher von deiner Selbstsabotage und verlasse die Rolle des Opfers.

DIE FÜNF PRINZIPIEN

In diesem Buch möchte ich meine fünf Prinzipien für erfolgreiches Selbstmanagement vorstellen. Sie sollen dazu inspirieren, sich von inneren Blockaden zu befreien und das Leben selbst in die Hand zu nehmen. Dadurch wirst du dich künftig bei Entscheidungen sicherer fühlen und mehr Motivation für die Umsetzung haben. Man kommt ohne innere Konflikte einfacher und schneller zum gewünschten Ergebnis und kann einen Beitrag leisten, der von Bedeutung ist. Vielleicht überraschst du dich beim Lesen dieses Buches selbst durch die eine oder andere Erkenntnis. Selbstvertrauen bedeutet nicht, einen Raum zu betreten und zu denken, besser als alle anderen zu sein. Es bedeutet, hineinzutreten und sich mit niemandem vergleichen zu müssen. Diesem Gedanken folgend geht es in diesem Buch auch nicht darum, besser als die anderen zu sein. Es geht darum, *das beste Selbst* zu sein; jeden Tag ein bisschen mehr. Um dies zu erreichen, stellen wir die Eigenverantwortung als wichtigste Grundlage für ein erfolgreiches Selbstmanagement in den Mittelpunkt und ebenso in direkten Zusammenhang mit Glück und Unglück.

Manchmal fällt es uns schwer, das Verhalten anderer (und sogar unser eigenes) zu verstehen. Viele Menschen kennen das Gefühl, schon einmal tiefen Liebeskummer empfunden und die Welt nicht mehr verstanden zu haben. Wieso musste es so kommen und die Partnerschaft auf so emotional einschneidende Art und Weise enden? Oder man hat schon lange im Beruf auf eine Beförderung hingearbeitet, aber als die Stelle frei wurde, bekam ein anderer Kollege (oder jemand, der extern rekrutiert wurde) den Vorzug. Womöglich ist auch das unwohle Gefühl im Magen bekannt, das man auf dem Weg zur Familienfeier spürt, schon lange bevor man überhaupt dort ist. Denn man weiß, dass wieder Kritik droht für Fehler von früher, weil niemand die eigene Perspektive verstehen will oder die heutige Veränderung sieht. So kann es auch im Abstand von mehreren Jahren dazu kommen, dass man sich wiederholt in ähnlichen Situationen des Unglücks und der Verzweiflung wiederfindet. Man ist frustriert, unsicher, ob man den richtigen Weg im Leben eingeschlagen hat, und fühlt sich in einem emotionalen Tief. Vielleicht würdest du an dieser Stelle gerne das Leben kurz stoppen – wie in einem Film, den du mit dem Drücken einer Taste kurz pausierst –, damit du einen Schritt zurückmachen und wieder mehr Klarheit gewinnen kannst? Vielleicht bist du manchmal traurig und verletzt über Aussagen oder das Verhalten von Menschen in deinem Umfeld. Speziell von jenen, die dir nahestehen. Vielleicht baut man im Kopf »Luftschlösser« (also gewünschte Konstrukte und Visionen), wie schön das Leben doch sein könnte. Aber dann passieren in der Realität Dinge, die dich scheinbar an den Start zurückwerfen. Wenn du dazu bereit bist, dich im Verlauf dieses Buches selbst zu hinterfragen, so wirst du Herausforderungen des täglichen Lebens künftig besser meistern können. Wer sich in der Vergangenheit öfters in »seltsamen« Situationen oder Beziehungen wiedergefunden hat, in denen sich bestimmte unliebsame Erfahrungen wiederholen, der kann hier Antworten finden und dem Spuk ein Ende machen. Ebenso soll dieses Buch das Verständnis lehren, wieso Menschen manchmal uneinsichtig sind, ungerecht über andere urteilen und wie es überhaupt zu Konflikten und Missverständnissen in Partnerschaft und Beruf kommen kann. Die fünf Prinzipien helfen dabei, die eigene Perspektive zu erweitern[1] und zu verstehen:

- warum wir selbst und andere so sind, wie wir sind,
- warum wir manchmal unseren Erwartungen nicht gerecht werden,
- warum Konflikte lange Zeit vermieden werden, obwohl es besser wäre, sie gleich zu lösen,
- warum und wie wir uns manchmal selbst sabotieren,
- warum Führungskräfte manchmal nicht die Ziele erreichen, die sie anstreben,
- worauf wir achten sollten, wenn wir unsere Kinder erziehen,
- warum Beziehungen (in Freundschaft, Beruf, Partnerschaft und sogar der eigenen Familie) immer wieder an ähnlichen Punkten schwierig werden.

Mit diesem Buch will ich Mut machen, Wege aufzeigen und im wesentlichen Hilfe zur Selbsthilfe ermöglichen. Der Gestaltungsgedanke der Selbstverantwortung wurde von Henry Jacoby (ein deutscher Sozialarbeiter, Journalist und Schriftsteller) so beschrieben:

»Entgegen der passiven Erwartung,
dass ein Sinn des Lebens gegeben sein müsste,
stellen wir dem Menschen die aktive Aufgabe,
seinem Leben einen Sinn zu geben.«[2]

Insofern ist jeder Mensch selbst Gestalter seines Lebens und damit auch voll verantwortlich für das eigene Glück.

DIE UNSICHTBARE KRAFT, DIE UNSER LEBEN LENKT

Worauf man seine Gedanken fokussiert, bestimmt, ob man sich auf neue Dinge einlassen kann oder sich an längst überholte Gewohnheiten klammert. Man könnte es auch hart formulieren: *Wir alle* wurden in eine Lüge geboren. Es ist die vielleicht größte Lüge aller Zeiten. Die meisten Menschen erzählen sie sich bis zum Ende ihres Lebens: Es ist die Lüge von der Freiheit. Gemeint ist damit, dass viele Menschen ihr Leben lang nie entdecken, dass ihr Verstand von einer fremdbestimmten Programmierung beherrscht wird. Der erste Schritt zu persönlicher Freiheit ist das Bewusstsein. Um frei sein zu können, müssen wir uns bewusst sein, dass wir nicht komplett frei sind. Wir müssen wissen, was das Problem ist, um das Problem überhaupt erst lösen zu können. Die meisten Menschen glauben, sie wurden in einem freien Land und in Freiheit geboren. Doch das ist falsch! Sobald wir geboren sind, bekommen wir einen Namen, eine Nationalität, ein Geschlecht und eine Religion. Wir haben nicht selbst entschieden, wer wir sind. *Andere* haben es für uns bestimmt. Wir sind von Beginn an umgeben von einem unsichtbaren Käfig; es ist wie eine Versklavung der Gedanken. Andere haben für uns entschieden, was im Leben wichtig ist und was nicht. Was richtig ist und was falsch. Und man übernimmt diese Annahmen unbewusst. Unsere Eltern haben uns diese Werte beigebracht (welche das sind und noch mehr dazu erkläre ich auf Seite 73). Diese Werte haben sie wiederum von ihren Eltern gelernt, die diese von ihren Eltern gelernt haben, und immer so weiter. So wird der Verlauf des eigenen Lebens bereits Jahrhunderte bevor man überhaupt geboren wird entschieden. Bis heute haben wir diese ungeschriebenen Gesetze übernommen, ohne wirklich darüber nachzudenken. Das nenne ich die soziale Programmierung.

Wenn man davon ausgeht, dass unsere Einstellung und der persönliche Lebensstil in jungen Jahren geprägt wurden, so kann man schätzen, dass die ersten sechs Lebensjahre besonders bestimmend hierfür waren.[3] Ebenfalls prägende Erfahrungen können durchaus später auftreten, solange es sich dabei um besonders bedeutsame Ereignisse handelt. Dies können etwa positive Erlebnisse wie die erste Liebe oder negative Schicksalsschläge wie schwere Krankheiten, der Tod eines geliebten Menschen, Unfälle oder die Scheidung einer Ehe gewesen sein.

Doch wir sind unseren Lebensumständen nicht hilflos ausgeliefert. Ich bin fest davon überzeugt: Wir sind nicht das Produkt unserer Erziehung oder unserer Gene, sondern wir sind das Ergebnis unserer Entscheidungen. Jeder ist für sich selbst verantwortlich und kann niemand anderem die Schuld an seinem heutigen Schicksal geben. Dennoch sind viele Menschen in bestimmten Bereichen unzufrieden. Irgendwie ist das doch verrückt – wir haben die volle Kontrolle über unser Leben, und trotzdem wünschen sich viele Menschen mehr Erfolg, Zufriedenheit und Glück. Oder sie wünschen sich weniger von etwas wie zum Beispiel – so wie auch ich damals – ein paar Kilo weniger auf der Hüfte. Wie kommt es zu dieser Selbstsabotage? Natürlich ist die Weitergabe der sozialen Programmierung von Eltern zu Kindern und von Menschen zu Menschen etwas völlig Normales. Wie sonst sollten wir als Kinder lernen, wenn nicht durch Nachahmung?

Unsere Eltern geben uns üblicherweise in positiver Absicht das weiter, was sie selbst gelernt haben. So funktioniert es seit Jahrtausenden. In Wahrheit können wir unseren Eltern nicht dafür böse sein, dass sie uns beigebracht haben, so zu sein wie sie, denn sie konnten uns nur das beibringen, was sie selbst kannten. Jedoch sollten wir dadurch nicht in die Opferrolle verfallen und andere für unser Leben und insbesondere dessen unangenehme Aspekte verantwortlich machen: Opfer der Gene, der Erziehung, der Medien, der Gesellschaft, der Politik, einer Weltverschwörung oder anderer böser Mächte außerhalb der eigenen Kontrolle. Ein Opfer erwartet von anderen Hilfe und macht sich somit unweigerlich abhängig von äußeren Umständen und der Gnade anderer. Wer bereit ist, die positive Kraft seiner Gedanken zu nutzen, wird aktiver Gestalter seines Selbst und holt sich die Kontrolle über sein Leben zurück.

JEDES VERHALTEN HAT EINE POSITIVE ABSICHT

Unsere Eltern gaben uns wahrscheinlich das Beste, was sie hatten. Und wenn sie uns verletzt haben, dann nur, weil sie in ihrer eigenen Programmierung gefangen waren. Wer verletzt, der handelt aus Schwäche oder Unwissen heraus. Den Menschen, die uns wehgetan haben, standen meist ihre eigenen Ängste, Annahmen und inneren Konflikte im Weg. Deshalb konnten sie uns nicht die Liebe geben, die sie uns wahrscheinlich gerne gegeben hätten. So wie wir hatten sie anfänglich keine Möglichkeit, ihre Programmierung selbst zu beeinflussen. Da uns dieses Wissen nun zur Verfügung steht, befinden wir uns aber in einer viel vorteilhafteren Position. Gleichzeitig geht mit dieser Macht auch eine große Verantwortung einher, denn einer muss den Kreis der fremdbestimmten Programmierung durchbrechen. Wenn es nicht deine Eltern waren, so liegt die Chance nun bei dir. Nutze sie! Es ist nicht deine Schuld, dass die Welt so ist, wie sie ist, aber es ist deine Verantwortung, wenn sie so bleibt. Deine Probleme ändern sich nicht mit deiner Umgebung, sondern mit dir. Wer stets der Herde folgt, sieht immer nur die Ärsche.

Das direkte Umfeld in der Kindheit hat nicht einzig gute oder schlechte Effekte auf die Persönlichkeit. Es ist durchaus möglich, dass auch aus finanziell abgesicherten Familien nicht nur geistig stabile, glückliche und erfolgreiche Menschen erwachsen. Genauso wäre es falsch zu denken, dass aus sozial schlechter gestellten Familien nur psychisch gestörte und lebensverneinende Menschen kommen. Erfolgserlebnisse, Schicksalsschläge und Enttäuschungen sind unter allen Gegebenheiten möglich. Wichtig ist vielmehr die Frage, welche Entwicklungen durch das Umfeld begünstigt werden und welches Werteverständnis den Kindern vermittelt wird.

Es macht dennoch keinen Sinn, anderen Menschen oder der Vergangenheit die Schuld daran zu geben, wer man heute ist. Die Vergangenheit ist vorbei, und das ist gut so. Natürlich kann man sie nicht ändern. Aber man kann entscheiden, welchen emotionalen Bezug man zu ihr hat und wie viel Macht sie auf das heutige Leben ausüben darf. Manchmal sagen die Leute: »Eines Tages wirst du auf diese schwere Zeit zurückblicken und lachen.« Meine Frage ist: Warum warten?

Mit diesem Buch möchte ich jeden dabei unterstützen, sich von den Erwartungen anderer zu lösen und ein Leben in Freiheit zu führen. So gewohnt und vertraut das eigene Leben im Moment auch erscheinen mag, sollte man darüber nachdenken, ob das wirklich alles ist oder ob es nicht doch mehr zu bieten hat. In Wahrheit ist das Leben nur so lange eine Lüge, solange man diese fremdbestimmte Programmierung akzeptiert. Jeder kann selbst entscheiden – frei wählen –, *was* man fühlt und *wie* man sein Leben gestaltet. Es ist die völlige Wahlfreiheit, die viele Menschen schon vergessen haben oder aus Angst vor der Veränderung erst gar nicht ergreifen wollen.

Doch wieso fällt es immer noch so vielen Menschen schwer, sich für ihr wahres Selbst zu entscheiden? Es ist die Sicherheit der Gewohnheitszone, der altbekannten Abläufe und täglichen Routinen, die uns davon abhält, uns auf radikale Veränderung einzulassen. Menschen wissen meist nicht, was sie mögen, aber sie mögen, was sie kennen. Genau diese Veränderung – aus der Gewohnheitszone der Fremdprogrammierung auszubrechen – ist es, die sich unser wahres Selbst so sehnlich wünscht. Verborgen in der Tiefenstruktur unserer Psyche wartet es darauf, endlich wiedergefunden, angenommen und entfesselt zu werden. Viel zu lange schon hast du dich vielleicht an den Erwartungen anderer orientiert.

Nun ist die Zeit gekommen, der Welt deinen wundervollen, ursprünglichen Kern zu zeigen. Ich nenne ihn liebevoll die »Urmotivation« und meine damit die Kraft, die dich von innen heraus antreibt und schon immer in dir manifestiert war. Viel zu oft haben wir sie vernachlässigt, ihren Ruf unbewusst, oder manchmal sogar absichtlich, ignoriert und damit in die Ebene der Vergessenheit verdrängt.

DIE VOLLE KRAFT ENTFESSELN

In meinem Leben hat es viele Entscheidungen gegeben, bei denen es notwendig war, die Gewohnheitszone zu verlassen. Bei denen es sogar überlebenswichtig war, einen Weg zu gehen, der vielleicht nicht der einfachste oder bequemste gewesen ist. Heute erinnere ich mich gerne daran zurück, denn diese Geschichten haben mein Leben geprägt. Eine davon ist der Weg zu meinem Abitur. Auch wenn ich es nicht gerne zugebe (insbesondere, weil meine Mutter eine besonders engagierte Lehrerin war): Ich habe mich in der Schule nie wirklich angestrengt. Es gab ein paar Fächer, die haben mich interessiert. Da hatte ich meistens auch sehr gute Noten. Und dann gab es auch viele Fächer, die haben mich einfach gar nicht interessiert. Und da habe ich üblicherweise nur das Allernötigste getan, damit ich überhaupt in die nächste Klassenstufe aufsteigen konnte. Das war immer ein großes Problem für meine Mutter. Sie war der Meinung, ich müsste viel mehr lernen, da ich ansonsten den Aufstieg in die nächste Stufe nicht schaffen würde. »Das kann doch gar nicht sein! Du bist ja Sohn einer Lehrerin, du musst auch an deine Zukunft denken«, so argumentierte sie. Das Resultat war jedoch nicht, dass ich mehr lernte. Stattdessen gab es fast täglich Streit zu Hause, da ich den hohen Erwartungen meiner Mutter einfach nicht gerecht werden wollte.

Als ich dann doch mit Ach und Krach in der Abschlussklasse angekommen war, wollte ich mir selbst – und vor allem meiner Mutter – beweisen, dass all diese Jahre des Streits unnötig gewesen waren. Weil, so sagte ich mir, es ja in Wahrheit für mich immer möglich gewesen wäre, bessere Noten zu bekommen. Ich hätte es nur selbst *wollen müssen. Ich hätte nur selbst die Verantwortung dafür übernehmen müssen.* Und das wollte ich beweisen, indem ich mit Auszeichnung »maturierte« (wie man in Österreich sagt), also den Abi-Abschluss machte. Darum habe ich in den letzten Monaten gebüffelt wie ein Verrückter. Und ich habe es tatsächlich geschafft! Ich habe wirklich mit Auszeichnung maturiert. Ehrlich gesagt war ich selbst überrascht. Meine Mutter war fürchterlich stolz, und ich konnte ihr mit einem verschmitzten Lächeln sagen: »Siehst du, ich habe es ja immer gesagt.« Und alles war gut.

Ich erinnere mich noch genau an die Abschlussfeier. Mit meinem Nachnamen wurde ich als Erster aufgerufen, um mein Zeugnis abzuholen: »Benedikt Ahlfeld, Klasse A. Abschluss mit Auszeichnung!« Tosender Applaus. Mein Grinsen war so breit wie schon lange nicht mehr, und mit stolzgeschwellter Brust stand ich auf der Bühne. Ich sah, wie aus einer der hinteren Reihen plötzlich eine schon etwas ältere, aber noch immer fitte Frau mit wallendem blondem Haar aufsprang und auf mich zukam. Es war mein ehemaliger Klassenvorstand, der uns in der Mitte des Gymnasiums verlassen hatte, um in Pension zu gehen. Sie war extra gekommen, um uns zu verabschieden, was eigentlich eine sehr wertschätzende Geste war. Als ich mich zu ihr hinunterbeugte, während schon die nächsten Personen von der Klasse aufgerufen wurden, hörte ich nur, wie sie mich ganz direkt, völlig fassungslos und überrascht fragte: »Benni, hast *du* wirklich mit Auszeichnung maturiert?«

Ich sagte nur perplex: »Ja!«

Sie reagierte ungläubig: »Aber *wie* hast du das geschafft?«

Dieser Moment hat mich zutiefst beeinflusst, denn wenn nicht einmal unsere Lehrer an uns glauben, was bleibt dann noch? Es bleibt nur der Glaube an uns selbst, und das ist meiner Meinung nach auch alles, was man braucht. In diesem Moment habe ich gelernt, dass es an mir selbst liegt, Verantwortung für mein Leben zu übernehmen. Niemand anderer kann einem das abnehmen. Jeder muss es selber tun.

Wenn du herausfinden willst, wie du dich von deiner sozialen Programmierung lösen und wieder zurück zu deinen eigenen Werten finden kannst, wie man wieder zu der Person wird, der man im tiefsten Kern seines Inneren entspricht, dann soll dir dieses Buch als Begleiter dienen. Die meisten Menschen denken über ihre Lebenssituation viel zu wenig nach und sind irgendwann überrascht, wieso sie in einem Hamsterrad gefangen sind. Sie wachen eines Tages auf und fragen sich:»Wie konnte mir das nur passieren?« Das hängt auch nicht vom Alter ab. Die meisten Menschen trifft die erste Sinnkrise heute schon mit Mitte 20.[4] Doch jede Krise hat etwas Gutes. Sie ist eine Chance, die Unbewusstheit der sozialen Programmierung zu durchbrechen.

DIE VISION IM INNEREN SUCHEN

Vor allem sollten wir eines wieder lernen: nämlich Geduld zu haben. Die wirklich wichtigen Dinge im Leben brauchen Zeit. Das, was uns wirklich berührt – Liebe, berufliche Erfüllung, Zufriedenheit –, ist ein längerer Prozess. Es ist mit Sicherheit kein einfacher und bequemer Weg, doch es ist ein Weg, der es *wert* ist, denn wer ihn wählt, gewinnt wahre Freiheit: Freiheit über das eigene Handeln, Freiheit über die eigenen Gefühle und Freiheit über die eigenen Gedanken. Die Welt wird nicht weniger komplex und die Aufgaben werden nicht einfacher – aber wir werden besser!

Wir sind heute Zeugen einer der bedeutendsten Veränderungen in der Geschichte der Menschheit. Peter Drucker, ein US-amerikanischer Ökonom österreichischer Herkunft, sagte einmal dazu, dass in einigen Hundert Jahren wahrscheinlich nicht die Technologie, das Internet oder der E-Commerce von den Historikern als die wichtigsten Ereignisse unserer Zeit gesehen werden, sondern die Veränderung der menschlichen Einstellung. Denn zum ersten Mal in der Geschichte der Menschheit hat eine schnell wachsende Anzahl an Menschen die freie Wahl. Sie müssen sich selbst managen, worauf unsere Gesellschaft allerdings völlig unvorbereitet ist.[5]

Es gibt Menschen, die Entscheidungen extrem schnell treffen und dabei fast immer richtigliegen. Was für eine Ungerechtigkeit! Zumindest für all jene, denen das Entscheiden deutlich schwerer fällt. Ob es die großen oder kleinen Themen des Lebens sind, wir alle kennen es: das unangenehme Gefühl im Magen, mit verschwitzten Händen und einer hartnäckigen Stimme im Kopf, die uns zuflüstert: »Tu es nicht!«, und damit eigentlich meint: »Ich weiß nicht, was ich jetzt tun soll.«

In diesem Buch möchte ich dich auf eine Reise einladen. Eine Reise nicht hinaus in die Welt, sondern eine Reise in dein Inneres. Viel zu oft lassen wir uns in diesen hektischen Zeiten von Äußerlichkeiten ablenken, umso wichtiger ist es, tief durchzuatmen, die Augen nach außen hin zu schließen und sie gleichsam nach innen hin zu öffnen. Genau dabei will ich dich unterstützen! Damit auch du Vertrauen in allen Lebenslagen erlangen und Verantwortung übernehmen kannst. Das ist keine Frage des Alters, sondern der Einstellung. Es ist die Einladung an dich, ein Leben nach eigenem Standard zu führen. Ich bin zutiefst überzeugt davon, dass alles eine Entscheidung ist. Selbst die Entscheidung, keine Entscheidung treffen zu wollen, ist eine Entscheidung. Nämlich die, dass andere für dich entscheiden dürfen.

Ich möchte zeigen, wie du es schaffen kannst, aus diesem unsichtbaren Käfig der sozialen Programmierung auszubrechen und ein Leben mit mehr Selbstbestimmung und in Eigenverantwortung zu führen. Ich möchte dir zeigen, wie du herausfinden kannst, was dir *wirklich* entspricht, und wie du dein wahres, authentisches Selbst mit Herz und aus vollster Überzeugung heraus leben kannst. Es ist gleichsam der Weg hin zu deinem besten Selbst. Man entfesselt damit seine volle Kraft.

Dieses Buch soll motivieren, Antrieb und Inspiration geben, aber schlussendlich kann es nur eines: die Tür zeigen. Durchgehen muss jeder selbst. Dabei wünsche ich dir ganz viel Erfolg!

DIE FÜNF PRINZIPIEN

Verantwortung beginnt bei einem selbst. Die Basis und der Nährboden dafür sind die eigenen Gedanken. Sie können der größte Feind sein oder einem dabei helfen, jedes Hindernis zu überwinden. In diesem Buch werde ich meine fünf Prinzipien vorstellen, mit deren Hilfe man sich von der sozialen Programmierung befreien und ein Leben in persönlicher Freiheit beginnen kann. Sie sind die persönlichen Leitsätze, nach denen ich bemüht bin, mein Leben zu gestalten. Frei von den Erwartungen anderer, ohne innere Konflikte und Zweifel.

»Freiheit bedeutet Verantwortung; das ist der Grund, warum die meisten Menschen sich vor ihr fürchten.«[6]

George Bernard Shaw

Nicht viele Menschen sind in der Lage, die volle Kraft ihrer Gedanken richtig zu nutzen. Die meisten haben die Verantwortung für ihre Gedanken sogar gänzlich aus der Hand gegeben und bevorzugen es stattdessen, sich von anderen lenken zu lassen: Eltern, Lehrern, Politikern, den Medien, der Werbung. Einfach nur, weil es bequemer ist. Sie glauben zwar, alles selbst entscheiden zu können (was natürlich richtig ist), jedoch fehlt ihnen schlichtweg die Fähigkeit dazu. Sie leben ohne Bewusstheit über ihre eigene Programmierung und sind damit den unsichtbaren Kräften ausgeliefert, die ihr Leben steuern.

So finden sie sich immer in den gleichen Situationen wieder und wundern sich, wieso sich dieselben Probleme auch mit anderen Menschen stets wiederholen. Alfred Adler, der Begründer der Individualpsychologie, sagte:»Alle Probleme sind zwischenmenschliche Beziehungsprobleme.«[7] Manche Menschen könnten sich so einfach von dieser Fremdbestimmung befreien, aber klammern sich stattdessen an Ausreden fest und ignorieren den Ruf ihres wahren Selbst.

Sogar wenn manche Menschen ihr komplettes Leben aufgeben, allen Besitz verkaufen, alle Freunde und ihre Familie verlassen und in ein neues Land oder auf einen neuen Kontinent ziehen und ein völlig neues Leben beginnen; ein Jahr später haben sie mit anderen Menschen die gleichen Probleme wie damals. Die Lösung dieses Dilemmas liegt nicht in der Veränderung im Außen. Es bedarf einer radikalen Umkehr: Der Fokus sollte zuerst nach innen gerichtet werden. Schlechte Dinge passieren uns nicht, sondern sie passieren *für* uns. Nutze sie als Möglichkeit, um zu lernen. Alles beginnt mit einer Entscheidung. Es ist die Entscheidung, sich über die eigene Programmierung bewusst zu werden. Wer keine Bewusstheit darüber besitzt, dass sein Geist voller Interferenzen (widersprüchliche Vorannahmen, limitierende Glaubenssätze, innere Kritik und Zweifel) ist, kann auch nicht beginnen, sich von diesen Vermutungen zu befreien und diese Interferenzen zu minimieren.

Die Tolteken waren eine mesoamerikanische Kultur, die zwischen dem 10. und 12. Jahrhundert den größten Teil Zentralmexikos beherrschte und denen man außerordentliches Geschick nachsagte.[8] Unter ihnen gab es sehr gebildete, spirituelle Lehrer, und sie erzählten sich wunderschöne Metaphern der Erleuchtung. Die Tolteken bezeichnen diese Interferenzen oder limitierenden

Glaubenssätze und die daraus resultierende Selbstsabotage als einen »Parasiten«, der in unseren Geist eindringt. Aus dieser Sicht heraus sind alle Menschen, die sich nicht von ihrer Fremdprogrammierung lösen, krank. Sie sind krank, weil sie diesen Parasiten in sich tragen. Er kontrolliert ihren Verstand und beherrscht das Gehirn. Die Nahrung für den Parasiten sind die negativen Emotionen, wie sie etwa aus Angst entstehen. Eckhart Tolle nennt dies auch den »Schmerzkörper«, also die Summe unseres biografischen Leidens.[9]

Je einfacher man es sich in seinem Kopf machen kann, desto einfacher werden die Dinge außerhalb des Kopfes gelingen. Mit den folgenden fünf Prinzipien möchte ich zeigen, welch mächtige Kraft die Gedanken besitzen und wie man es schaffen kann, durch das Integrieren dieser Leitsätze die volle Verantwortung für sein Leben zu übernehmen.

1. EHRLICHKEIT

Auch wenn wir uns es nicht eingestehen wollen: In vielen Bereichen des Lebens haben wir die Kontrolle über unsere eigenen Gedanken verloren. Wir handeln und denken so, wie wir es gewohnt sind, und belügen uns dabei selbst. Ehrlichkeit währt ja bekanntlich am längsten, und trotzdem lügen wir alle immer und immer wieder. Wir sind zu perfekten Lügnern geworden, weil wir gar nicht mehr wissen, was unsere Wahrheit ist. Wir geben vor, jemand zu sein, der wir gar nicht sind, um den Erwartungen der anderen gerecht zu werden. Erfahre in diesem Kapitel, welche Werte wirklich dir entsprechen und wie du dich von den Erwartungen der anderen lösen kannst, wenn sie dich einschränken.

Wie kam es überhaupt zu dieser Unehrlichkeit, von der ich spreche? Am Anfang, als man noch ein Kind war, musste man ja irgendwie dazulernen, was es bedeutet, Mensch zu sein. Wir konnten am leichtesten durch Nachahmung lernen und dies vor allem von unserem direkten Umfeld (denn sonst war ja niemand da). Aber wir konnten wahrscheinlich nicht frei wählen, in welches System wir hineingeboren wurden. Doch selbst wenn wir hätten wählen können, hätten wir in unserer Kindheit die Vorgaben der Außenwelt übernommen. Zuerst haben wir getan, was uns aufgetragen wurde, weil wir Angst hatten, bestraft zu werden. Und später wurden wir für bestimmtes Verhalten belohnt und hatten nun Sorge, all diese Vorteile und Bequemlichkeiten, an die wir uns so schnell gewöhnt hatten, zu verlieren. Nun leben wir mit der ständigen unbewussten Angst, dass die Bombe der Wahrheit jederzeit explodieren könnte. Wir wissen selbst nicht, was dann passiert. Wir kennen es ja auch gar nicht anders. Wir kennen nur das, was bisher war. Und im Umkehrschluss haben wir Sorge, all das zu verlieren, was wir uns bisher aufgebaut haben, auch wenn es mit Schmerzen und Problemen verbunden ist. Immerhin erfüllt man die Erwartungen der anderen. Sogar das müsste man jetzt aufgeben. Wer weiß, ob man dann überhaupt noch liebenswert wäre? Ja, die Zukunft ist unsicher – und das macht vielen Menschen Angst. So leidest vielleicht auch du selbst und denkst dir, das sei ganz normal. Warum? Weil alle anderen auch leiden und kaum einer eine Alternative kennt.

Manche Leute kapitulieren vor dieser großen Ungewissheit, halten am Altbekannten fest und sagen sich: »Das Leben ist nun mal kein Ponyhof!« So gesehen sucht man nach Ausreden, um sich zu schützen. Und man belügt andere, um sie zu schützen: indem man ihnen nicht die Wahrheit sagt, weil man denkt, dass sie das vielleicht verletzen könnte, aber wie heißt es so schön? »Das Gegenteil von gut ist gut gemeint.«

Wenn wir älter werden, lügen wir uns und andere so gut an, dass wir es oft selbst gar nicht mehr bemerken. Wir werden darin so gut, dass wir beginnen, die Ausreden selber zu glauben. Diese Selbstlüge führt dazu, dass wir uns selbst manipulieren und uns damit sabotieren und blockieren. Diese Lügen sind oft Auslöser für innere Blockaden, die uns am Erreichen unserer Ziele hindern. Beständiges Lügen kann weitreichende Folgen haben. Ob bewusst oder unbewusst, verursachen diese Unwahrheiten Stress und sorgen dafür, dass wir dauernd auf Bereitschaft laufen. Man ist auf »Stand-by« und hat Angst davor, ertappt zu werden. Ist man

einmal in der Lügenfalle, ist es schwer, daraus wieder zu entfliehen. Und Beziehungen, die auf Lügen aufgebaut sind, sind zum
Scheitern verurteilt. Wir führen unser Leben manchmal nicht so,
wie es uns wirklich entspricht, sondern erfüllen lediglich die
soziale Programmierung, die wir unbewusst von anderen übernommen haben. Dies führt in einen Zustand konstanter Inkongruenz, in dem das, was wir tun, nicht mehr übereinstimmt mit
dem, was uns *wirklich* wichtig ist. Deshalb bemerken viele Menschen an einem gewissen Punkt ihres erwachsenen Lebens, dass
sie nicht »ihr wahres Selbst« leben beziehungsweise noch nicht ihr
volles Potenzial entfaltet haben. Dies wird häufig als »Midlife-Cri-
sis« bezeichnet. Jedoch ist es viel mehr als das.

WIR SIND ERWACHSEN, ABER NICHT ERWACHT

Wir leben in den Alltag hinein, ganz so, als wären wir in einem
Traum gefangen, den wir selbst nicht beeinflussen können. Für
manche ist er bereits zum Albtraum geworden. Aus diesem Grund
kämpfen viele Menschen mit ihren inneren Ängsten, wenn es
darum geht, die Wahrheit auszusprechen. Erst wenn man dazu
bereit ist, zu sich selbst und auch zu anderen ehrlich zu sein, kann
man es schaffen, die volle Kontrolle über die eigenen Gedanken
zurückzugewinnen.

Studien[10] [11] [12] haben gezeigt: Wenn wir emotional unehrlich
sind, wenn wir also zum Beispiel Gefühle nach außen vorspielen,
obwohl wir uns ganz anders fühlen, dann kostet uns das viel Kraft.
Wer schon mal im Servicebereich in einem Restaurant oder Hotel
gearbeitet hat, der weiß, was ich meine. In der Forschung wird das
als emotionale Dissonanz bezeichnet (etwa immer gut drauf sein

zu müssen, obwohl man sich innerlich bereits schon ausgelaugt fühlt). Diese emotionale Dissonanz gilt als stärkerer Einflussfaktor auf einen Burn-out als Zeitdruck und hohes Arbeitspensum.[13] Darum finde ich erst recht, dass wir mehr Ehrlichkeit zu uns selbst brauchen und eine Bewusstheit darüber, wie uns unser Umfeld beeinflussen kann, denn Sprache programmiert Gedanken. Darum gilt Ehrlichkeit als Tugend und hat in vielen Kulturen eine lange Tradition. Aufrichtigkeit ist zum Beispiel eine der sieben Tugenden des »Bushido«, des japanischen Verhaltenskodex der Samurai und zählt auch zu den preußischen Tugenden. Nun stellt sich die Frage: Wenn es doch eigentlich auf der Hand liegt, dass Ehrlichkeit uns guttut, warum fällt es dennoch vielen Menschen so schwer, aufrichtig zu sein?

Wahrheit ist wichtig, aber Wahrheit kann gleichzeitig auch weh-tun. Wer sich dafür entscheidet, besonders ehrlich durch sein Leben zu gehen, macht gleichzeitig ein Eingeständnis, die Wahrheit hören zu wollen und auch anderen die Wahrheit zu sagen, wenn er darum gebeten wird. Wie viele der Menschen in deinem Umfeld sind über-haupt damit einverstanden, die Wahrheit zu hören? Oft sind es die eigenen Ängste, die einen davon abhalten, die Wahrheit zu sagen. Die inneren Ängste sind zumeist die erste Hürde zum Ehrlichsein. Ist man selbst aufrichtig und aufmerksam, kann man auch andere Menschen dazu inspirieren. Wer es schafft, seine antrainierte Maske abzustreifen und ehrlich durchs Leben zu gehen, wird schnell eine Veränderung in seinem Leben erkennen.

Die Wahrheit ist bereits ein Teil von uns. Man muss nichts hinzu-fügen oder dazulernen, um ehrlich sein zu können. Es ist eher andersherum. Deine Wahrheit ist nicht gut oder schlecht, und sie ist noch nicht einmal allgemeingültig, denn es ist ja nur eine subjek-tive Wahrheit. Aber als solche hat sie ihre Berechtigung. Sie spiegelt deine Gedanken, deine Werte und deine Erfahrungen wider, und genau das ist der Punkt! Die Gesellschaft bringt uns manchmal dazu, Dinge zu sagen, die wir eigentlich gar nicht vertreten, oder Dinge nicht zu sagen, die uns eigentlich wichtig sind. Wir haben es verlernt, unsere Meinung preiszugeben, und wir haben es verlernt, im Sinne unserer eigenen Gedanken zu handeln. Wir haben Angst, nicht mehr die Belohnungen zu bekommen, an die wir uns gewöhnt haben. Vielmehr lassen wir uns immer wieder von der sozialen Programmierung steuern und handeln so, wie es von uns erwartet wird. Aber wir wissen: Das macht nicht glücklich. Im Gegenteil! Dieses Vorgehen erzeugt Widersprüche in uns.

In dem Modell Johari-Fenster wird beschrieben, dass es vier Quadranten der Psyche gibt:

	Mir bekannt	Mir unbekannt
Anderen bekannt	Öffentliches Ich	Blinder Fleck
Anderen unbekannt	Mein Geheimnis	**Schatten**

Quelle: Johari-Fenster, eigene Grafik

Der erste Quadrant links oben enthält all die Persönlichkeitsanteile, die sowohl einem selbst als auch anderen Menschen bekannt sind. Dies ist das sogenannte »öffentliche Ich«. Außerdem gibt es die Dinge, die man selbst natürlich von sich weiß, die andere aber nicht wissen. Das bezeichnen wir als »unser Geheimnis«. Es gibt auch Anteile einer Person, die anderen durchaus bewusst sind, einem selbst aber nicht. Das nennt der Volksmund den »blinden Fleck«. Und es gibt noch einen vierten Quadranten: Das sind jene Persönlichkeitsanteile in uns, die weder uns selbst noch anderen Menschen bekannt sind. Das nennen wir in Anlehnung an Carl Gustav Jung (ein Schweizer Psychiater und der Begründer der analytischen Psychologie) den »Schatten«. Es sind all die Erfahrungen, die wir gesammelt haben, die aber schon längst in Vergessenheit geraten sind. Vielleicht haben wir sie nicht als wichtig genug erachtet und dementsprechend auch nicht als erinnerungswürdig abgespeichert, oder es handelt sich um emotional belastende Erlebnisse, die wir ganz bewusst verdrängt haben.

> »Der Schatten ist alles das, was du auch bist,
> aber auf keinen Fall sein willst.«[14]
>
> Carl Gustav Jung

Dennoch gilt: Nur weil wir uns an diese Teile nicht erinnern können, bedeutet das nicht, dass sie keinen Einfluss auf uns ausüben. Im Gegenteil! Oftmals haben sie viel mehr Macht über uns, als uns lieb wäre. Denn es ist ein Teil von uns, den wir verdrängen oder verstecken. Deshalb ist man auch dann, wenn man diese Teile in anderen erkennt, oft reaktiv oder fühlt sich unangenehm. Das Verhalten der anderen erinnert an einen Teil von uns selbst, den wir entweder leugnen oder lieber nicht anerkennen wollen. Deshalb sollte man Schatten integrieren, anstatt sie zu ignorieren. Wenn es auch unangenehm sein mag, sich damit zu beschäftigen, kann es hilfreicher sein, einen Weg zu finden, um mit ihnen zu leben oder – noch besser – sie positiv zu transformieren.

Lass es mich mit einer schönen Metapher, die ich von dem deutschen Psychotherapeuten Peter Orban[15] lernen durfte, noch greifbarer machen. Stellen wir uns vor, dass unser Unterbewusstsein so aufgebaut ist wie eine riesige Bibliothek. In dieser Bibliothek gibt es einen Bibliothekar, dessen Aufgabe darin besteht, alle Erfahrungen, die wir sammeln, zu kategorisieren. Jede Erfahrung ist wie ein neues Buch. Das bedeutet, jeden Moment, den man erlebt, jede neue Erfahrung, die man sammelt, wird als ein neues Buch auf den Ablagestapel gelegt. Der Bibliothekar muss sich nun auf die Suche machen, zu welcher Kategorie, zu welchem Bücherregal dieses Buch am besten passt.

Irgendwann ist dieses Bücherregal komplett voll. Was passiert nun, wenn der Bibliothekar mit einem neuen Buch kommt, das in das gleiche Regal muss, aber es schon mit anderen Büchern voll ist? Es ist kein Platz mehr für die neuen Bücher. Ganz einfach: Das Bücherregal hat keine Rückwand! So nimmt der Bibliothekar das neue Buch, die neue Erfahrung und schiebt es von vorne dorthin, wo schon ein anderes Buch steht, das aber schon lange nicht mehr gelesen wurde und schon von Staub bedeckt ist. Er drückt das alte Buch, indem er das neue vorne hineinschiebt, nach hinten, und das alte Buch fällt hinab. Es liegt nun hinter dem Bücherregal am Boden. Von vorne kann man es nicht mehr sehen, denn das Bücherregal ist schon voll mit anderen Büchern. Über die Jahre, über die Jahrzehnte sammeln sich immer mehr Bücher hinter dem Regal an. Ein kleiner Buchhaufen entsteht, ein richtiger kleiner Hügel aus Büchern, aus all den Erfahrungen, die man irgendwann erlebt hat, aber an die man sich bewusst nicht mehr erinnern kann.

Hier in diesem Bereich hinter dem Bücherregal ist der Bereich der Schatten. Diese Schatten sind Teile unserer selbst, die uns schon lange nicht mehr bewusst sind, doch sie sind weiterhin aktiv und beeinflussen uns bis heute. Manche von ihnen wollen uns vielleicht sogar eine wichtige Botschaft mitteilen. Wie können wir diese Schatten dennoch erkennen? Zum Beispiel wenn ein starkes Gefühl erlebbar ist (sei es positiv oder störend), weil jemand eine Sache sagt, ein bestimmtes Wort benutzt oder einen gewissen Gesichtsausdruck hat, und man sofort tief getroffen oder wütend wird, ohne dass man diese Emotion kontrollieren kann. Oft weiß man im Nachhinein nicht einmal, wo dieses Gefühl hergekommen ist. Dann ist es sehr wahrscheinlich, dass man durch einen Schatten beeinflusst wurde. Schatten sind in Wahrheit ganz oft Teile in uns selbst, die wir nicht in uns erkennen, die uns bei anderen aber stören. Anstatt den Blick nach innen zu richten, geben wir dann jedoch die Schuld oft nach außen ab. Wir geben die Verantwortung für unser Verhalten ab, indem wir die Ursache für dieses Störgefühl bei anderen suchen. So kann es auch sein, dass wir uns dann rechtfertigen und ihnen Vorwürfe machen wie: »Du hast das und das getan oder gesagt ... und deswegen geht es mir jetzt schlecht.«

SCHATTEN INTEGRIEREN

Genau diese Schatten, diese in Vergessenheit geratenen Bücher in unserer Bibliothek, halten uns oft davon ab, wirklich ehrlich zu sein. Aus diesem Grund ist es wichtig, sich bewusst mit seinen Schatten auseinanderzusetzen. Es ist für jeden Menschen wichtig, »Schattenarbeit« zu leisten, um Gedanken und Erlebnisse, die im Schatten versteckt sind, sichtbar zu machen. Die Arbeit mit unseren Schatten hilft uns dabei, zu uns selbst zu finden und ehrlich auf unser Leben zu blicken, ohne dass manch unangenehme Dinge weiterhin zur Seite geschoben oder verdrängt werden. Diese versteckten Anteile binden sehr viel Lebenskraft. Erst durch das Bewusstmachen und Annehmen dieser Teile löst sich die innere Blockade, und die Energie beginnt wieder frei zu fließen. Selbst wenn wir das im ersten Moment gar nicht rational nachvollziehen können, verfolgen diese Teile immer auch eine positive Absicht. Sobald wir sie integrieren, ist der Störfaktor verschwunden. Man könnte auch sagen, dass die Interferenz minimiert wurde oder die Selbstsabotage endet. Nun bleiben wir in vielen Situationen, die uns früher negativ beeinflusst und in denen wir uns unwohl gefühlt oder uns nicht wie gewünscht verhalten haben, plötzlich viel gelassener und ruhiger. Wir sind resilient geworden (können also Krisen erfolgreich bewältigen), und unsere volle Kraft steht jederzeit zur Verfügung. Wir sind nicht mehr der Spielball äußerer Einflüsse, sondern können stets selbst entscheiden, ob und wie wir reagieren. Um dir darüber bewusst zu werden, in welchen Situationen du dich nicht so verhältst, wie du eigentlich möchtest, lade ich dich ein, dir ein paar Minuten Zeit zu nehmen und Folgendes aufzuschreiben:

Manchmal tue ich so, als ob _____

_____

_____

obwohl ich in Wahrheit _____

_____

_____

Hast du schon einmal die Aussage »Man ist der Durchschnitt der fünf Menschen, mit denen man am meisten Zeit verbringt«[16] gehört? Sie bedeutet, dass angeblich nachgewiesen wurde, dass man vor allem mit jenen Menschen Zeit verbringt, die einem ähnlich sind und die eine ähnliche Weltanschauung haben. Wenn es um die persönliche Entwicklung geht, ist das Problem daran, dass man natürlich nur von jenen Menschen etwas lernen kann, die anders sind als man selbst. Die, die einem ähnlich sind, machen die Dinge ja schon so, wie man es selbst tun würde. In dem Fall bekommt man vielleicht Bestätigung für die eigenen Werte, aber sicherlich keine neuen Perspektiven. Deswegen kann es durchaus sinnvoll sein, sich gerade mit den Menschen mehr zu beschäftigen und auszutauschen, die anders sind als man selbst. Das bedeutet aber oft, dass man sich auch seinen eigenen Schatten stellen muss, da ja Menschen, die einem unähnlich sind, manchmal auch ein irritierendes, fast schon unangenehmes Gefühl hervorrufen können, eben weil sie einen gänzlich anderen Zugang zum Leben haben. Jetzt könnte man natürlich sagen: »Fremde sind noch nicht bekannte Freunde.« Jedoch umgeben wir uns – vor allem, je älter wir werden – meist nur mit Menschen, die uns ähnlich sind. Wer hat schon Freunde, die er nicht mag? Fast niemand! Das ist ja auch logisch. Eine Ausnahme ist vielleicht der neue Freund der besten Freundin, also ein Mensch, den man sich nicht immer aussuchen kann. Selbst wenn wir uns wohlfühlen bei den Menschen, die uns ähnlich sind, weil sie ähnliche Werte und ein ähnliches Glaubenssystem haben und einen ähnlichen Blick auf die Realität – lernen können wir nur von jenen, die anders sind als wir selbst. Nur von Menschen, die Herausforderungen anders meistern als wir selbst, können wir auch etwas Neues lernen.

Genau diesen Hinweis hat sich eine Seminarteilnehmerin von mir einmal zu Herzen genommen. Ich erinnere mich noch gut: Sie nahm an einem Wochenendseminar teil, und ich erzählte in der ersten Sitzung genau von diesem Sachverhalt. Sonntags kam sie ins Seminar zurück und berichtete uns ganz begeistert, dass sie am vorherigen Abend noch in einen Klub feiern gegangen war und dort einen Typ gesehen hatte, der in ihr ein starkes Störgefühl ausgelöst hatte. Sie erinnerte sich an meine Worte, nahm allen Mut zusammen und ging dann geradewegs auf diesen Mann zu und sprach ihn einfach direkt mit folgenden Worten an: »Hey, du bist mir total unsympathisch! Ich möchte dich gerne kennenlernen.« Ob du es glaubst oder nicht, die beiden wurden beste Freunde.

Eine der besten Möglichkeiten, aus der eigenen Gewohnheitszone auszubrechen, ist es natürlich auch, fremde Länder und Kulturen zu entdecken. Auf meinen Reisen durfte ich einige ganz besondere Erfahrungen machen. Eine Kultur, die mich zutiefst beeindruckte (und die ich weiter oben schon kurz angesprochen habe), war jene der Maya und Tolteken. In ihrem Sprachgebrauch fanden sie inspirierende Vergleiche für die Erkenntnis, dass unsere Wahrnehmung anderer Menschen lediglich ein Spiegelbild dessen ist, was wir selbst in sie hineinprojizieren. So wurde sich ein

Tolteke genau über diesen Umstand bewusst und »fand zur Erleuchtung«. Von da an wollte er sich an all die Visionen erinnern, die er gehabt hatte. Er beschloss, sich selbst den »rauchigen Spiegel« zu nennen, damit er immer wusste, dass die Materie bloß ein Spiegel ist und der Rauch dazwischen uns davon abhält, zu wissen, wer wir wirklich sind. Er sagte:»Ich bin der rauchige Spiegel, weil ich mich in euch allen betrachte, aber wir erkennen einander wegen des Rauchs zwischen uns nicht. Dieser Rauch ist der Traum, und der Spiegel bist du – der Träumer.« Die Menschen in unserem Leben sind ein Spiegel unseres Selbst. Wenn uns das Bild im Spiegel nicht gefällt, muss sich die Person ändern, die es betrachtet.[17]

DIE REALITÄT IST EIN TRAUM

Wie oft lassen wir unseren Partner, unsere Kollegen oder unsere Eltern immer wieder für denselben Fehler bezahlen? Finden wir uns wiederholt in derselben Situation wieder, so erinnern wir uns an die letzten Erfahrungen mit einem ähnlichen Thema. Dies ist in der Psychologie als das »episodische Gedächtnis« bekannt. Die Tolteken nannten es »den Traum«: Haben wir in der Vergangenheit schmerzhafte Erfahrungen gesammelt, so fühlen wir uns auch jetzt wieder an diese negative Emotion erinnert und uns ungerecht behandelt, selbst wenn im aktuellen Moment gar keine ungerechte Behandlung passiert ist. Da wir aber dennoch so reagieren, als wären wir verletzt worden, lassen wir die Menschen für vergangene Fehler bezahlen.

Dieser Teufelskreis kann sich immer wieder wiederholen, ohne dass wir daraus auszubrechen vermögen. Dabei sind wahrscheinlich ein Großteil unserer Überzeugungen nichts als verzerrte Wahrnehmungen und somit Selbstlügen. Genauso erschaffen wir immer wieder unsere eigenen emotionalen Dramen, die uns das Leben schwer machen, und viele Menschen wehren sich so unbewusst gegen ihr eigenes Leben. Statistiken besagen, dass eine der größten Ängste des Menschen die Angst vor dem Sterben[18] ist. Wenn wir aber wirklich ehrlich sind, dann ist es wahrscheinlich genau andersherum: Es ist die Angst, am Leben zu sein. Es ist die Angst davor, konstanter Veränderung ausgesetzt zu sein und unfähig zu sein, uns von unserer sozialen Programmierung zu lösen. Wir zögern stets davor, das Risiko einzugehen, uns wirklich so auszudrücken, wie wir uns empfinden. Dies ist der Ursprung der Angst, die viele Menschen erleben. Die Angst davor, wir selbst zu sein.

Wie konnte es dazu kommen? Von klein auf vergleichen wir uns mit anderen und erzeugen ein inneres Bild davon, was »richtig« und was »falsch« ist. Ideale prägen uns in Medien und Gesellschaft, und wir erfahren, was angeblich das »perfekte« Ideal ist. Fortan sind wir unbewusst bemüht, diesem Standard gerecht zu werden, damit uns alle anderen akzeptieren. Jedoch passen wir nicht immer in dieses Bild, denn das Ideal erfüllt nur die Erwartungen der anderen, nicht jedoch unsere eigenen Wünsche. Es handelt sich um ein völlig surreales Bild der Wirklichkeit, denn jeder von uns hat seine eigene Interpretation der Realität. In Wahrheit ist keine davon wirklich real, da unter der Annahme dieser surrealen Perfektion – mit der wir uns unweigerlich zu vergleichen beginnen – wir selbst automatisch nie perfekt sein werden. Tief in unserem Inneren wissen wir, dass wir diesen Erwartungen nicht entsprechen können, und beginnen, uns selbst abzulehnen. Es geht nun gar nicht mehr darum, dass wir nicht gut genug für andere sind. Wir sind nicht mehr gut genug für uns selbst. Und das können wir uns noch weniger verzeihen.

Wir wissen zwar im Kern unseres Selbst, dass wir nicht so sind, wie wir uns einreden, sein zu müssen, kennen aber auch keine Alternative. Darum fühlen sich viele fehl am Platz, sind frustriert und unehrlich. Um das zu verbergen, tragen wir soziale Masken, um andere davon abzuhalten, zu bemerken, dass wir nicht den Erwartungen der anderen entsprechen. Wir beurteilen nicht nur uns selbst nach diesem Standard, sondern auch andere, und ebenso wie wir selbst werden auch sie diesem surrealen Ideal von Perfektion niemals gerecht. Obwohl wir unbewusst diese Diskrepanz spüren können, sind wir doch weiterhin bestrebt, den gesellschaftlichen Vorgaben und Normen Folge zu leisten. Warum? Schlichtweg deshalb, weil wir keine Alternative dazu kennen. Darum gehen manche Menschen sogar so weit, nur um von anderen vermeintlich akzeptiert zu werden, und schaden ihrem eigenen Körper.

Man denke an all die Teenager, die Drogen nehmen, nur um »mit dabei« zu sein, oder Erwachsene, die sich Schönheitsoperationen unterziehen. In dieselbe Kategorie gehört auch der immer wiederkehrende Wunsch, mit der neuen »Wunderdiät« abzunehmen. Wir alle tun Dinge aus Scham und Schuldgefühlen und bestrafen uns selbst dafür, dass wir nicht so sind, wie wir glauben, dass andere es von uns erwarten. So missbrauchen wir sowohl uns selbst als auch andere.

MENSCHEN LASSEN NUR DAS MIT SICH MACHEN, WAS SIE SELBST MIT SICH MACHEN

Das Urteil, das unser innerer Kritiker über uns selbst fällt, ist stets das härteste. Dieser »unbekannte dritte Riese« existiert neben unserem rationalen Verstand und der emotionalen Intuition und versperrt uns oft den Weg zum Erfolg. Deshalb könnte man auch sagen, dass Menschen sich immer nur so weit schlecht behandeln lassen, wie sie es auch gewohnt sind, sich selbst zu behandeln. Wer also aus einer Beziehung ausbrechen will, in der ein emotionaler (oder andersartiger) Missbrauch stattfindet, der muss wohl oder übel bei sich selbst beginnen, um das Maß des Erduldens zu minimieren.

Nur wer mit sich selbst nicht zu hart ins Gericht geht, wird auch anderen nicht erlauben, sie schlecht zu behandeln. Don Miguel Ruiz, ein mexikanischer Neoschamane, sagte, dass die meisten Menschen in ihrem ganzen Leben von niemandem mehr missbraucht wurden als von sich selber und dass die Grenze ihrer Selbstmisshandlung genau die Grenze ist, die sie von jemand anderem tolerieren. Das bedeutet, dass sie eine Beziehung mit jemandem, der sie nur etwas weniger missbraucht, als sie sich selbst missbrauchen, wahrscheinlich nicht aufgeben werden und den Missbrauch endlos hinnehmen.[19]

Alles beginnt mit einer Entscheidung. In diesem Fall sind es die Antworten auf diese Fragen:

- ▨ Wie behandle ich mich selbst?
- ▨ Wie spreche ich zu mir selbst?

Mit jedem Gedanken, jedem Wort, das wir zu uns selbst sprechen, erschaffen wir Materie, nicht nur im übertragenen Sinne.

Ein Experiment an der Harvard Medical School[20] untersuchte mittels Messung der TMS (transkranielle Magnetstimulation) das physische Wachstum des motorischen Kortex. Dabei sollten die Teilnehmer einer von zwei Versuchsgruppen eine[21] Woche lang ein leichtes Pianostück für fünf Finger erlernen, indem sie jeden Tag zwei Stunden lang praktisch übten. Die andere Gruppe wendete genau die gleiche Zeit auf, stellte sich jedoch nur gedanklich vor, wie sie das Piano spielte, aber berührte die Tasten niemals in der Realität. Das Ergebnis war verblüffend: Bei beiden Gruppen fand im selben Ausmaß die gleiche Veränderung im Hirn statt. Der motorische Kortex, also jener Teil im Gehirn, der für physische Handlungen zuständig ist, war im gleichen Maße gewachsen. Man könnte somit wirklich behaupten: Gedanken beeinflussen Materie!

SPRACHE ERSCHAFFT REALITÄT

Die Art, wie wir Sprache nutzen, gerade auch wenn wir mit uns selbst einen inneren Dialog führen, programmiert uns. Unsere Intention manifestiert sich durch das Wort. Komplexe Sprache ist das, was uns zum Menschen macht und von anderen Tieren unterscheidet. Der israelische Historiker Yuval Noah Harari sagte: »Es gibt eine einzige Sache, die uns vom Tier unterscheidet: die Fähigkeit, uns Geschichten zu erzählen, an die alle glauben.«[22] Weiter stellte er fest, dass es eine Sache gäbe, an die alle glauben würden: Geld! Das sei die einzige Geschichte, die von allen geglaubt würde, was sie zu der Geschichte mit der größten Wirkung mache.

Tiere leben in einer objektiven Realität. Nur der Mensch lebt in einer dualen Realität, doch auch wir haben eine objektive

Realität, in der es Flüsse, Berge und Täler gibt. Zusätzlich haben wir mittels Sprache über die Jahrhunderte eine fiktionale Realität gebaut, indem wir Geschichten erfunden haben. Genau das ist es, was viele Menschen davon abhält, im Moment zu sein oder zu meditieren. Sobald wir die Gedanken (und damit auch die Geschichten, die wir uns selbst erzählen) ausschalten können, sind wir wieder in der objektiven Realität angekommen. Damit sind wir auch wieder wie ein Tier! Ist es wirklich unser Ziel, wieder zum Tier zu werden? Nein! Ich denke, es ist unser Ziel, beide Zustände bestmöglich nutzen zu können und uns nicht durch zwanghaftes Denken von unserer Programmierung kontrollieren zu lassen. Wir sollten selbst entscheiden können, wann wir unser Gehirn gezielt benutzen, anstatt immer wiederkehrenden Gedanken ausgeliefert zu sein, mit denen wir uns teilweise selbst sabotieren.

Wegen der Sprache ist unser Vorderhirn zudem so groß geworden, dass jedes menschliche Kind im Prinzip eine Frühgeburt ist. Wäre es bereits ausgewachsen, wenn wir auf die Welt kommen, so würde fast jede Mutter bei der Geburt sterben. »Der Schweizer Zoologe und Anthropologe Adolf Portmann hat den Menschen als physiologische Frühgeburt bezeichnet«, sagt Franz M. Wuketits, Philosoph und Vorstandsmitglied des Konrad-Lorenz-Instituts für Evolutions- und Kognitionsforschung.[23] Portmann hatte zweifelsohne recht. Neu geboren ist der Mensch auf die permanente Hilfe anderer angewiesen, alleine praktisch nicht überlebensfähig. Rein evolutionär betrachtet ist dies ein erstaunlicher Umstand: in Kauf zu nehmen, dass Säuglinge jahrelang nicht eigenständig überleben können, ist fast einzigartig auf unserem Planeten. Umso wichtiger wurden soziale Bindung und emotionale Nähe zwischen Eltern und den engsten Stammesmitgliedern.

Unsere Kultur, die Art, wie wir miteinander interagieren und uns auf andere Menschen begonnen haben zu verlassen, all das wurde maßgeblich beeinflusst durch den Nutzen, den uns die Sprache lieferte. Sie ermöglichte es uns, Wissen über Generationen hinweg weiterzugeben (indem wir Geschichten erzählten) und war ein entscheidender Vorteil in unserer Entwicklung. Aber die Kosten dafür sind auch heute noch immens: »Im Vergleich zu anderen Organen hat das Gehirn mit einem Anteil von nur zwei Prozent am Körpergewicht einen sehr hohen Energieverbrauch. 500 Kilokalorien beziehungsweise 20 Prozent der Gesamtenergie verbrennt es am Tag (…), da es rund um die Uhr aktiv ist.«[24]

Das Wort ist unser mächtigstes Werkzeug, aber es ist eben auch ein zweischneidiges Schwert. Es kann das Paradies auf Erden erschaffen, aber auch alles um uns herum zerstören und – wenn wir es missbrauchen – eine Hölle auf Erden kreieren. Entscheide dich ganz bewusst für deine Mission und sage dir: »Ich erschaffe, anstatt zu zerstören. Ich bin eine Kraft für das Gute!« Im Johannesevangelium, das die Erschaffung des Universums behandelt, steht: »Im Anfang war das Wort (…). Alles ist durch das Wort geworden.«[25] Durch Sprache drücken wir unsere schöpferische Kraft aus. Der menschliche Geist ist ein fruchtbarer Acker, auf dem jeder Gedanke ein Samen ist, der gesät wird. Die Samen sind Meinungen, Ideen und Konzepte. Man sät einen Samen, einen Gedanken, und er wächst. Sei es nun ein positiver Gedanke oder ein zerstörerischer. Die Bewertung haben wir zu Beginn noch nicht erlernt. So beginnt unsere Programmierung stets in einem Zustand der Unbefangenheit, in dem uns die Bewertung noch fremd ist.

Wir können ja auch nur das wissen, was wir kennen. Und am leichtesten lernt der Mensch durch Nachahmung. Irgendwann jedoch wird es Zeit (wir sagen auch dazu »erwachsen werden«), sich bewusst zu reflektieren und zu fragen: »Welche Werte sind wirklich die meinen? Wie möchte ich mein Leben gestalten?« Die größte persönliche Einschränkung liegt nicht an den Dingen, die man tun will und nicht tun kann, sondern an den Dingen, die man noch nicht in Erwägung gezogen hat.

Sprache ist so mächtig, dass ein Wort ein Leben verändern oder das Leben von Millionen von Menschen zerstören kann. Vor einigen Jahrzehnten hat ein Mann in Deutschland durch den Gebrauch des Wortes ein ganzes Land mit den intelligentesten Menschen manipuliert. Er führte sie mit der Macht seines Wortes in einen Weltkrieg. Er überzeugte andere, die grausamsten Gewalttaten zu begehen. Er aktivierte die Angst der Menschen mit dem Wort, und wie bei einer großen Explosion gab es auf der ganzen Welt Tod und Krieg. Überall auf der Welt bekriegten Menschen sich gegenseitig, weil sie Angst voreinander hatten. Hitlers Wort, das auf angsterzeugenden Vorannahmen beruhte, wird jahrhundertelang in Erinnerung bleiben. Die Sprache jedoch war nur der erste Baustein. Der zweite Baustein ist, was wir daraus machten.

DER COMPUTERVIRUS IM KOPF

Wofür nutzten wir die Sprache? Vor allem, um Geschichten zu erzählen, aber nicht nur über das Leben im Allgemeinen, sondern gerade auch über andere Menschen im Speziellen. Wenn etwa ein Fremder ins Dorf kam, so konnte man die Ältesten fragen, ob er bereits bekannt war, und wenn dem so war, dann konnte man diese Person besser einschätzen. Klatsch und Tratsch gehörten somit zu den wichtigsten Kommunikationsformen in der menschlichen

Gesellschaft. Und das ist bis zum heutigen Tag so. Auf diese Art und Weise kommen wir einander näher, weil wir uns besser fühlen, wenn wir sehen, dass es jemand anderem genauso schlecht geht wie uns. Es gibt einen alten Ausspruch, der besagt: »Elend liebt Gesellschaft«, oder auch: »Geteiltes Leid ist halbes Leid.« Menschen, die in ihrer selbst gemachten Hölle leiden, wollen nicht alleine sein. Furcht und Leid sind ein wichtiger Teil der Realität vieler Menschen auf diesem Planeten, und es sind gleichsam diese Dinge, die uns von der wahren Freiheit abhalten.

Betrachtet man den menschlichen Geist und einen Computer als Analogie (wie es etwa im NLP gerne getan wird, da das Gründerduo aus einem Linguisten und einem Informatiker bestand), kann man Klatsch mit einem Computervirus vergleichen. Was ist NLP genau? Diese drei ominösen Buchstaben stehen für »neurolinguistisches Programmieren«. Dabei handelt es sich um ein Modell, das Menschen unter anderem dabei unterstützen kann, persönliche Ziele und Veränderungen zu erreichen. Dr. Richard Bandler, das kreative Genie hinter der neurolinguistischen Programmierung, formulierte es so: »NLP ermöglicht persönliche Freiheit.«[26] Davon profitiert man nicht nur selbst, sondern auch das gesamte Umfeld: Familie, Freunde, Kunden, Mitarbeiter ... einfach alle, auf die man trifft.

Wenn wir Menschen ermutigen, anstatt sie zu bestrafen, wenn wir sie respektvoll und auf Augenhöhe behandeln, kann sich das volle Potenzial entfalten. So werden wir Menschen erleben, die sich mit der Gemeinschaft verbunden fühlen und einen höheren Selbstwert empfinden. Gerade für Führungsverantwortliche ist es unerlässlich, die fünf Prinzipien zu kennen und sie in den persönlichen und beruflichen Alltag zu integrieren.

Es geht einerseits darum, sich selbst managen und gezielt beeinflussen zu können, um zu einem gewünschten Ziel zu kommen.

Andererseits kann NLP eine Unterstützung dabei sein, durch das Verständnis von Körpersprache und durch eine geschärfte Aufmerksamkeit Mitmenschen besser zu verstehen und zu erreichen. Dabei wird nicht das Ziel verfolgt, nach Fehlern im Handeln zu suchen, sondern es wird gezielt mit Feedbacks gearbeitet. Das ist etwas sehr Persönliches; und das muss es auch sein, um Veränderungen in gelernten Verhaltensmustern zuzulassen. Beim NLP erfolgt das Feedback einerseits durch einen Coach, andererseits fordert NLP jeden persönlich auf, selbst über das eigene Handeln nachzudenken. Durch eine gezielte Fragestellung erfährt man durch die Anwendung von NLP sehr viel über sich selbst und seine innere Einstellung. Auf diese Weise lernt man Dinge kennen, die vorher nur dem Unterbewusstsein bekannt waren, und man versteht plötzlich, wieso man in manchen Situationen immer nach dem gleichen Schema reagiert.

Gehen wir nun wieder zurück zum Computervirus im Kopf: So ein Virus ist üblicherweise in derselben Sprache geschrieben, in der auch alle anderen Codes geschrieben wurden. Der Unterschied ist, dass er eine schädliche Absicht hat. Dieser Code wird in das Programm des Computers eingeschleust, wenn man es nicht erwartet, und dann ausgeführt, ohne dass man es bemerkt. Nachdem dieser Code im Hintergrund läuft, funktioniert der Computer nicht mehr ganz richtig oder gar nicht mehr, weil widersprüchliche Meldungen vermischt werden, sodass keine sinnvollen Ergebnisse mehr geliefert werden können.

Stelle dir nun einmal vor, dass sich dieses Muster der negativen Fremdprogrammierung in einer nie enden wollenden Kette zwischen allen Menschen auf der Erde abspielt. Das Ergebnis ist eine Welt voller Menschen, die Informationen nur über ihre selektive Wahrnehmung aufnehmen, die von einem giftigen, ansteckenden

Virus dominiert ist. Unser Fokus wird – noch bevor wir bewusst etwas daran verändern könnten – durch unsere vorbewussten Filter gelenkt. So nehmen wir nur jene Informationen auf, die zu unserer Programmierung passen. Das jedoch verhindert häufig, dass wir die Welt so erleben, wie sie wirklich ist. Wir erleben sie nur so, wie wir sind. Darum gibt es auch diese (eine meiner liebsten) Grundannahmen im NLP: »Die Landkarte ist nicht das Gebiet.« Wir alle leben in der gleichen Welt, aber jeder hat seine eigene Realität.

Wenn wir beginnen, ehrlich mit uns selbst zu sein, bemerken wir schnell, dass die Art und Weise, wie wir mit uns selber sprechen, nicht immer positiv oder angenehm ist. Oft gehen wir (zu) hart mit uns ins Gericht und vergleichen uns mit Idealen, die gar nicht die unseren sind. Fange bei dir selbst an und hinterfrage bewusst die Wahl deiner Worte. Je wohlgeformter die Sprache, umso positiver wird auch die Selbstprogrammierung. Sobald man das Innere gemeistert hat, kann man seinen Fokus nach außen richten und beginnen, auch mit anderen Menschen achtsamer umzugehen. Insbesondere mit jenen, die einem am wichtigsten sind.

DER BLICK HINTER DEN SPIEGEL

Wenn wir andere Menschen wirklich so sehen, wie sie sind, ohne persönlich zu nehmen, was sie sagen oder tun, dann können wir niemals verletzt werden. Selbst wenn andere uns anlügen, ist es in Ordnung. Wir wissen, dass sie lügen, weil sie Angst haben. Sie haben Angst, dass man entdecken könnte, dass sie nicht perfekt sind. Ich weiß es aus eigener Erfahrung: Es kann sehr schmerzhaft sein, diese soziale Maske abzulegen. Wenn man das eine sagt, aber das andere tut, belügt man sich selbst. Aber wer ehrlich mit sich selbst ist, erspart sich eine Menge emotionalen Schmerz. Sich selbst die Wahrheit zu sagen, kann wehtun, aber man muss sich nicht an den Schmerz gewöhnen. Die Heilung wird erfolgen, und es ist nur eine Frage der Zeit, bis die Dinge besser werden.

Wenn dich jemand nicht mit Liebe und Respekt behandelt, ist es ein Geschenk, wenn er sich von dir entfernt. Mache dir aber auch bewusst, wie oft du in der Vergangenheit vielleicht gerade über die Person, die du am meisten liebst, getratscht hast, bloß um Unterstützung anderer für deinen Standpunkt zu erhalten. Wie oft hast du die Aufmerksamkeit anderer auf dich gezogen und Gift über deine Liebsten verbreitet, um deren Meinung zu korrigieren? Deine Meinung ist nichts anderes als deine Wahrnehmung, und die ist nicht unbedingt wahr. Deine Meinung kommt von deinen Überzeugungen, deinem Ego und deiner sozialen Programmierung. Wir erschaffen all dieses Gift und diese Computerviren und geben sie an andere weiter, nur damit wir uns mit unserem eigenen Standpunkt »richtig« fühlen können. Doch auf längere Sicht betrachtet schaden wir uns damit bloß selbst.

Möchte man ein verantwortungsbewusstes und erfülltes Leben führen, führt kein Weg an Ehrlichkeit vorbei. Denn diese zeigt, wer wir wirklich sind. Durch Ehrlichkeit erkennt man alle angelernten Verhaltensweisen und kann sich von unerwünschten, unbewussten Programmierungen lösen. Ehrlichkeit hilft dabei, sich wieder mit dem wahren Selbst zu verbinden, und entfesselt unsere volle Kraft. Dadurch lernt man sich selbst neu kennen. Denn sind wir mal ehrlich: Welche Person hast du in deinem Leben bis jetzt am meisten betrogen? Welcher Person versuchst du jeden Tag aufs Neue Dinge schönzureden, obwohl sie es gar nicht

sind? Richtig! Die meisten Lügen sind Selbstlügen. Diese Ehrlichkeit fängt bei uns selber an. Doch wir müssen Verantwortung übernehmen und uns unseren Schatten stellen. Der Weg ist sicherlich
nicht immer einfach und angenehm, aber er ist es wert, gegangen
zu werden! Denn dadurch gewinnen wir etwas, das den meisten
Menschen für immer verwehrt bleibt: *wahre* Freiheit.

Ich bin der Überzeugung, dass viele Menschen nicht ihr volles
Potenzial leben. Die meisten geben sich mit weniger zufrieden
und finden sich damit ab, dass im Leben nicht alles so läuft, wie
man sich das eben vorgestellt hat. Möchte man den Weg in ein
Leben nach eigenem Standard starten, ist es wichtig, sich von allen
Erwartungen, allen Vorstellungen und von allen Glaubenssätzen,
die man in sich trägt, zu lösen und einen neutralen, nicht vorbe-
lasteten Blick in die Zukunft zu werfen.

Grenzen existieren nur im Kopf. Da die meisten Probleme
durch unsere Vorstellungskraft geschaffen werden und somit ima-
ginär sind, brauchen wir glücklicherweise auch nur imaginäre
Lösungen. Ich möchte dir zeigen, was dich aktuell daran hindert,
ein Leben nach eigenem Standard zu führen, und wie du diese
Blockaden überwindest. Es geht um eine ganz persönliche Einstellung zum Leben: nämlich *deine!* Und somit gibt es auch nur
einen Standard, der für dein Leben gelten kann: deinen eigenen.
Kannst du dich überhaupt noch erinnern, wer du warst, bevor die
Welt dir erzählt hat, wie du sein sollst? Dr. Richard Bandler, der
Co-Gründer des NLP, sagt, dass man mit nur zwei Ängsten geboren wird: der Angst, aus einer gewissen Höhe zu fallen, und der
Angst vor lautem Lärm.[27] Alle anderen Ängste jedoch sind erlernt –
und können somit auch wieder verlernt werden! Wie sagt man so
schön? Viele Menschen wollen Rebellen sein, sie warten nur darauf, dass man es ihnen erlaubt.

Zuerst erzählen uns die anderen, wie man zu sein hat, dann übernimmt man die Geschichte und beginnt, sie sich selbst zu erzählen. Das Gefährlichste daran ist nicht die Geschichte selbst, sondern dass sie ein Teil von uns wird und man beginnt, sie mit seinem wahren Selbst zu verwechseln. Das führt womöglich dazu, dass man ein Leben lebt, das man gar nicht führen will. Es ist nicht das wahre Selbst, aber man kennt es ja nicht anders. Irgendwann verwechselt man es nicht nur mit seinem eigenen Selbst, sondern beginnt sogar, diese erfundene Identität zu verteidigen.

So hat uns die Gesellschaft unsere Glaubenssätze eingepflanzt. Was sind Glaubenssätze? Es ist eine simple Idee, ein Satz, und je öfter dieser Satz wiederholt wird, umso mehr macht man ihn auch zu seinem Eigentum. Am Anfang sind es bloß Sätze, die man öfters vorgesagt bekommt. Irgendwann aber übernimmt man sie und beginnt, sie sich selbst vorzusagen. Und dann sagen wir uns diesen Satz so lange in Gedanken vor, bis wir beginnen, daran zu glauben (ohne ihn kritisch zu hinterfragen): So entstehen Glaubenssätze. Schon als Kinder haben wir Glaubenssätze gelernt, die uns bis jetzt bekannt sind:

- Erst die Arbeit, dann das Vergnügen.
- Ohne Fleiß kein Preis.
- Wer rastet, der rostet.

Willkommen in der Leistungsgesellschaft! Glaubenssätze, die wir haben, müssen nicht immer stimmen. Schon als Kinder ahmen wir das Verhalten unserer Eltern, Geschwister oder berühmter Personen wie Rockstars nach. Und genauso, wie wir das mit dem Verhalten machen, machen wir es auch mit den Glaubenssätzen. Wir übernehmen sie völlig unreflektiert. Vera F. Birkenbihl hat das einmal wundervoll beschrieben. Was sie sagte, ist mir so in Erinnerung geblieben: »Mache dir bewusst, welche Meinung deine eigene ist. Nur jene Überzeugungen, die wirklich von dir kommen, kannst du Meinung nennen. Ansonsten handelt es sich um die Vorannahmen eines anderen Menschen.«[28] So wie zum Beispiel bei mir, als ich mit 14 Jahren vor dem Badezimmerspiegel gestanden habe und plötzlich der festen Überzeugung war, ich hätte schwere Knochen.

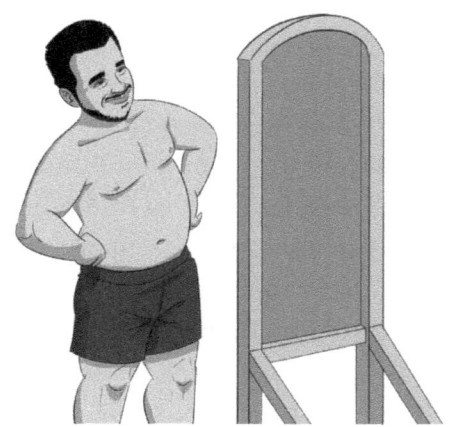

Jetzt frage auch du dich selbst, wenn du dich nackt vor den Bade-zimmerspiegel stellst: Wohin geht unbewusst dein Fokus zuerst? Auf etwas, das dir an dir gefällt, oder auf etwas, das dir unange-nehm ist? Unser innerer Kritiker geht meist am härtesten mit uns ins Gericht. Natürlich kann er einen auch voranbringen, weil man damit Gefahren frühzeitig erkennen und sich selbst zu Höchstleis-tungen anspornen kann. Wie so oft gilt auch hier: Die Dosis macht das Gift. Schreibe deshalb auf:

Das kritisiere ich an mir: _____

_____

_____

Darin bin ich stark: _____

_____

_____

Doch nicht nur die Schule und unsere familiäre Umwelt, sondern auch durch die Medien werden wir regelmäßig beeinflusst. Wirft man einen Blick auf die Tageszeitungen, wird man verzweifelt nach positiven Botschaften suchen. Die Medien zeigen uns stets die negativen Seiten der Welt. Sie programmieren uns auf Angst und zeigen, wie gefährlich die Welt ist. Sicherlich wäre es besser, zu Hause zu bleiben, oder? Doch auch daheim lauern Gefahren. Vor allem Jugendliche sind in den Fängen von Social Media gefan-gen und (er)leben über ihr Smartphone immer nur positive Bil-der, die geteilt werden. Sie bewegen sich in einer Scheinwelt, die nicht real ist. Wer zeigt schon gerne öffentlich, dass es einem schlecht geht? Oft werden diese Bilder zusätzlich noch mit einem Filter versehen, weil die Realität selbst einfach nicht mehr gut genug ist.

Wir wollen der Welt unsere falsche Identität beweisen, um Bestätigung von anderen zu bekommen. Doch dabei werden wir nicht glücklich, denn wir wollen die Werte anderer erfüllen und nicht unsere eigenen. Wir wollen perfekt sein und täuschen nach außen vor, etwas Besonderes zu sein, doch nach innen haben wir gleichzeitig das Gefühl, nicht so viel wert zu sein, wie wir vorgeben. So versperren wir uns den Weg zur Selbstliebe. Auch wenn wir als Kind vielleicht noch nicht reflektieren konnten, ob wir nun den eigenen Erwartungen oder denen der anderen gerecht zu werden versuchten – heute haben wir die Wahlfreiheit, selbst zu denken und zu entscheiden. Gute Gewohnheiten machen das Leben leichter, und sie schützen unser Gehirn vor Überlastung, doch schlechte Gewohnheiten erzeugen das Gegenteil. Aus diesem Grund ist es wichtig, sich Gedanken über seine Gewohnheitsmuster zu machen. Wirf einen Blick in die Vergangenheit und hinterfrage, welche Gewohnheiten sich bis jetzt negativ auf dich ausgewirkt haben. Verhaltensmuster sind nicht in Stein gemeißelt. Es liegt ganz allein bei dir, etwas an deinem Gewohnheitsverhalten zu ändern. Übernimm die Verantwortung für deine Programmierung, und du wirst durch diese Kraft neue Möglichkeiten im Leben entdecken können.

WIESO UNS DIE GEWOHNHEITSZONE VOM ERFOLG ABHÄLT

Viele Menschen entscheiden sich bewusst dagegen. Sie haben Angst, ihre Gewohnheitszone zu verlassen, und sie klammern sich stattdessen an alte Verhaltensweisen und Überzeugungen. Wenn wir die Gewohnheitszone verlassen wollen, werden wir oft mit unangenehmen Gefühlen wie Angst, Sorge, mangelndem Selbstvertrauen, Scham und natürlich den alten, festgefahrenen Verhaltensmustern konfrontiert. Vielen Menschen fällt es zudem schwer, bereits etablierte Verhaltensmuster zu verändern, weil sie schon automatisiert ablaufen. Am Anfang mussten wir uns in neuen Situationen noch entscheiden, wie wir uns verhalten sollen. Doch je öfter wir uns für die gleiche Reaktion bei ähnlichen Situationen entschieden haben, umso mehr wurde das Verhalten zu einer Gewohnheit. Bis zu dem Tag, an dem wir gar nicht mehr darüber nachdenken konnten, sondern der Programmierung gänzlich ausgeliefert waren. Dazu kommt noch, dass außerhalb der Gewohnheitszone das Unbekannte wartet, das auch immer eine gefühlte Gefahr in sich birgt. Diese Kombination aus festgefahrenen Reiz-Reaktions-Mustern und der Alternativlosigkeit ist oftmals die Erklärung dafür, warum Menschen lieber innerhalb der Gewohnheitszone verweilen, anstatt sich zu verändern. Häufig sind ja auch positive Auswirkungen mit diesem Verhalten verbunden, auch wenn es ebenfalls negative Effekte mit sich bringt. Wir müssen uns klarmachen: Der Mensch geht meist den Weg des geringsten Widerstands. Wir greifen auch dann ein noch so negatives Verhalten auf, wenn es die einzige Möglichkeit für uns ist, ein gewisses Ziel zu erreichen.

Warum fällt es den Menschen letztlich so schwer, selbst zu entscheiden? Ganz einfach: weil es unbequem ist und weil wir lieber in einem System leben, das uns schon vertraut ist, selbst wenn es unangenehm wird. Wir bleiben lieber in der berühmten »Komfortzone«. Der Begriff wurde geprägt durch Virginia Satir, einer weltberühmten Therapeutin. Sie wurde damals nach dem stärksten Trieb im Menschen gefragt. Und recht überraschend antwortete sie, dass es nicht der Instinkt zu überleben oder sich fortzupflanzen sei. Nein, sie sagte: »Der stärkste Trieb des Menschen ist es, an alten Gewohnheiten festzuhalten.«[29] Diese Aussage wird nachvollziehbar, wenn man darüber nachdenkt, wie viele Menschen in der Geschichte bereit waren, ihr Leben oder das der anderen für einen Glauben, für eine Überzeugung zu geben. Wir halten lieber an Altbekanntem fest, anstatt uns selbst zu verändern. Virginia nannte es deshalb ursprünglich auch die »Gewohnheitszone«[30]. Wir tun das, was wir immer schon getan haben. Einfach nur deshalb, weil wir es nicht anders kennen. Viele Menschen würden der Aussage zustimmen, dass sie Abwechslung mögen. Aber das ist Quatsch! Sie lieben nur die Abwechslung, die sie sich wünschen. Alles andere ist außerhalb der Gewohnheitszone und fühlt sich eher unangenehm an.

Große Teile unseres Lebens sind von Routinen bestimmt und werden somit vom Unterbewusstsein geleitet. In vielen Bereichen ist das auch gut so. Anders könnten wir mit der Komplexität des Lebens nur schwer zurechtkommen. Doch in anderen Bereichen ist unsere Bequemlichkeit eine Bremse. Sie hindert uns daran, uns weiterzuentwickeln oder fügt uns sogar Schaden zu. Wie sieht ein typischer Tag in deinem Leben aus? Notiere für dich:

Welche Dinge »geschehen« mir immer wieder automatisch?

_____

_____

Das mache ich häufig, ohne darüber nachzudenken:

_____

_____

Die Angst vor Neuem ist ein Gefühl, für das wir uns nicht schämen müssen. Es ist nicht schlimm, Angst zu haben, doch es ist bedauernswert, sich von der Angst blockieren zu lassen. Das Überwinden von Ängsten ist ein wichtiger Prozess für die persönliche Weiterentwicklung. Es ist ein Schritt auf der Reise über die Grenzen der Gewohnheitszone. Stell dich der Angst! Du wirst dadurch sichtlich reifen, und dieses persönliche Erfolgserlebnis kann dir keiner mehr nehmen. Nur weil alte Verhaltensmuster und Glaubenssätze, die dir von deiner Familie und deinem Umfeld mitgegeben wurden, früher zu deiner Lebenssituation gepasst haben, müssen sie heute nicht mehr zutreffen. Gerade im Entscheidungsverhalten kann man von seinen Erfahrungen aus der Vergangenheit stark profitieren. Dennoch ist es wichtig, dir darüber bewusst zu werden, dass die Vergangenheit vorbei ist. Es kann nun hilfreich sein zu hinterfragen, welche Werte, Verhaltensmuster und Glaubenssätze aus der Vergangenheit noch heute auf uns zutreffen und welche bereits mit einem Ablaufdatum versehen sind. Nur so ist es möglich, unerwünschte Angewohnheiten, die tief in unserem Inneren verankert sind, abzulegen. Mache dir dabei bewusst, dass das »unerwünschte« Verhalten ja nur deshalb als negativ bewertet wird, weil sich deine Werte scheinbar verändert haben. Früher war das Verhalten bestimmt sinnvoll – sonst hättest du es dir nicht angeeignet! Nicht immer aber ist uns bewusst, welchen Nutzen uns ein vermeintlich schlechtes Verhalten liefert. So sagt der Verstand: »So will ich mich nicht mehr verhalten«, doch das nächste Mal, wenn man in einer ähnlichen Situation wie früher ist, läuft es ganz automatisch wieder gleich ab. Offensichtlich ist es die beste Strategie, die man kennt, um ein bestimmtes Ziel zu erreichen oder Schmerz zu vermeiden. Daniel Amen, ein amerikanischer Promi-Arzt, sagte: »Ein unerwünschtes Verhalten ist immer ein Symptom des Problems, nicht das Problem selbst.«[31] Wir sollten uns also auf die Suche machen nach der wahren Herkunft des ungewünschten Verhaltens, um herauszufinden, *wofür* wir immer wieder das gleiche Muster erleben, obwohl wir es bewusst gar nicht mehr wollen. Wir handeln meistens gemäß der besten Strategie, die wir kennen. Manchmal aber kennen wir nur mäßig gute Strategien und haben bisher verpasst, nach besseren Alternativen zu suchen. Nur, weil jemand ein aus deiner Sicht schlechtes Verhalten hat, bedeutet das nicht, dass diese Person das ebenfalls als negativ bewertet.

Es besteht natürlich immer die Möglichkeit, dass Menschen ihr Verhalten ändern. Dafür brauchen sie sowohl eine alternative Strategie wie auch den Willen, diese umzusetzen. Darum gilt auch: Verwechsle nie das Verhalten eines Menschen mit seiner Persönlichkeit. Fokussiere dich zum Start nicht zu sehr auf andere, sondern lieber auf dich. Es gibt genau nur eine Person auf diesem Planeten, auf die du einhundert Prozent Einfluss ausüben kannst: Das bist du selbst. Durch diese Erkenntnis verwandeln sich auch deine Beziehungen, denn du versuchst nicht mehr, andere Menschen zu manipulieren. Das ist nicht möglich, außer die andere

Person will es auch. Du lässt dich auch nicht mehr manipulieren, etwa indem du Aufgaben von anderen übernimmst, weil sie die Verantwortung dafür abzugeben versuchen. Stattdessen führt die Veränderung in dir unvermeidlich zu einer Veränderung in deiner Umwelt. Die Redewendung »Wie du in den Wald hineinrufst, so schallt es heraus« findet hier ihren Ursprung.

Nimm dein Leben bewusst in die Hand und fang an, es freudig selbst zu bestimmen. Überleg dir: Wann hast du das letzte Mal etwas komplett Neues ausprobiert?

Man kann vielleicht nicht immer kontrollieren, was im Außen passiert. Aber man kann Verantwortung übernehmen für seine Gedanken, seine Gefühle und sein Handeln. Erst wenn man sich seinen Ängsten stellt und es schafft, die Gewohnheitszone zu verlassen, kann man es auch schaffen, ein Leben in Freiheit zu führen. Natürlich gibt es manchmal ein paar Dinge, die uns davon abhalten, das zu tun und umzusetzen, was wir wirklich wollen. Denken wir an Dinge in unserer Vergangenheit, die uns besonders geprägt haben, sind es meist negative Momente oder Emotionen, die uns als Erstes in den Sinn kommen. Es gibt eine Studie[32] aus dem Jahr 2016, die zeigt, dass Menschen sich viel leichter an negative Erfahrungen erinnern. Als ich diese Studie das erste Mal gelesen habe, entschied ich für mich, es genau anders zu machen. Ich habe damals für mich beschlossen, mich nicht an die negativen, sondern an die positiven Dinge leichter erinnern zu wollen. Es war die Entscheidung, *wie* ich funktionieren will. Es war der Entschluss, es anders zu machen, als es die mediale Programmierung vorgegeben hatte. Auch wenn es nur eine einzelne Entscheidung war, ist es eine bedeutsame Veränderung in meinem Leben gewesen. Denn so habe ich es geschafft, auch aus negativen Situationen meiner Vergangenheit zu lernen und etwas Positives mitzunehmen, ohne mich von den negativen Einflüssen kontrollieren zu lassen. Selbst wenn man Entscheidungen für die Zukunft getroffen hat, indem man Prioritäten setzt, kommt es manchmal anders als geplant. Nicht immer liegt es in unserer Macht, alles zu entscheiden, und es ist auch nicht immer möglich, alles bis zum Ende durchzuziehen. Aus diesem Grund ist es wichtig, die Interferenzen, die uns davon abhalten, zu erkennen und zu minimieren.

»Wenn du etwas anderes willst als bisher,
dann musst du etwas anderes tun als bisher.«[33]

Paul Watzlawick

Nur wer damit anfängt, etwas anderes zu tun als bisher, wird eine Veränderung in seinem Leben erfahren. Genau das machen die meisten Menschen nicht. Im Gegenteil: Sie verlassen sich auf ihre bestehende soziale Programmierung. Sie bleiben in alten Gewohnheiten verhaftet und sind damit den Computerviren ungeschützt ausgeliefert. Wir werden nun beginnen, deine Festplatte von einem Antivirusprogramm durchsuchen zu lassen, um diese negativen Gedankenmuster ausfindig zu machen und sie zu transformieren. So werden sie aufhören, dich mit ihren Interferenzen zu blockieren.

Visualisiere vor dir eine Zeitlinie für dein jetziges Leben. An einem Ende befindet sich die Vergangenheit und auf der anderen Seite die Zukunft. Auch wenn es enttäuschend sein mag: Nicht nur die Vergangenheit hat einen Beginn (deine Geburt), sondern auch die Linie in der Zukunft hat ein Ende. Irgendwo auf dieser Zeitlinie befindet sich auch das Jetzt – der Moment, in dem du dich gerade eben befindest und diese Worte liest. Denkst du jetzt an eine bestimmte Situation in deiner Vergangenheit, so wirst du automatisch damit anfangen, deinen Blick zurückzulenken. Wir fangen damit an, den aktuellen Moment mit der Vergangenheit zu vergleichen. Wir orientieren uns bei allem, was wir heute im Hier und Jetzt machen, an unseren früheren Erfahrungen. Das heißt, obwohl wir uns eigentlich auf das Jetzt konzentrieren sollten, sind wir in einem ständigen Abgleich mit dem, was wir früher schon erlebt haben. Trotzdem vergeht die Zeit und wir machen konstant, ob gewollt oder nicht, Schritte in die Zukunft. Doch wenn man das die ganze Zeit macht, dann lebt man de facto in der Vergangenheit. Denn wenn wir den jetzigen Moment ständig mit der Vergangenheit abgleichen, dann haben wir gar nicht wirklich Zeit dafür, uns auf das Jetzt einzulassen. Und wir haben erst recht keine Zeit, das wirkliche Ziel im Auge zu behalten. Wir gehen quasi rückwärts in die Zukunft. Eckhart Tolle würde sagen: »Es ist immer jetzt.«

Natürlich brauchen wir alle ein gewisses Maß an sozialer Programmierung und Gewohnheit, um Beständigkeit in unserem Leben zu bewahren. Andererseits ist es genau diese soziale Programmierung, die uns davon abhält, unser wahres Selbst zu leben. Darüber müssen wir uns bewusst sein. So wie sich unser Leben über die Jahre hinweg gewandelt hat, ist es wichtig, dass wir auch unsere Programmierung immer wieder aktualisieren, wie als würde man bei einem Computer ein neues Update einspielen. Die Vergangenheit hat uns zwar geprägt, aber sie ist nicht bestimmend für die Zukunft.

WER BIN ICH WIRKLICH?

Wie würdest du dich einer fremden Person beschreiben? Diese Frage ist für viele Menschen schwer zu beantworten, weil sie es eigentlich selbst gar nicht wissen. In Wirklichkeit kann man sich auf bewusste Veränderungen im Leben erst einlassen, wenn man weiß, was das wahre Selbst ausmacht. Oft kommt das wahre Ich eines Menschen erst in bestimmten Situationen zum Vorschein. In Momenten, in denen alles plötzlich anders ist und wir emotionalisiert sind oder unter hohem Stress stehen. Etwa, wenn man sich in einer Angstsituation befindet. Das sind Situationen, die uns von der einen auf die andere Minute aus dem Gleichgewicht bringen können und die uns kaum eine Möglichkeit geben, bewusst zu sein und klar zu denken. Genau diese Situationen sind eine wichtige Erkenntnis für uns, denn dann reagieren wir so, wie wir programmiert wurden; wir handeln einfach, ohne großartig darüber nachzudenken. Selbst wenn wir in diesen Situationen Neues an uns entdecken und diese Entdeckungen uns vielleicht im ersten Moment schockieren, sind es letztendlich Anteile von uns. Oft offenbaren sich in diesen Situationen unsere Schatten. Aber wenn wir diese Teile von uns abspalten, geben wir gleichzeitig auch einen Teil von uns auf. Doch vielleicht ist genau dieser Teil ein sehr wichtiger Aspekt unseres wahren Selbst, den wir auf die eine oder andere Art und Weise ausleben wollen. Anstatt ihn bewusst zu schätzen und ihm Raum zu geben, in einem akzeptablen Rahmen ausgelebt zu werden, muss er sich nun – nachdem wir ihn in den Bereich der Schatten verdrängt haben – von selbst seinen Weg hinaus bahnen und uns durch teils unkontrollierbare Muster dazu zwingen, ein Mindestmaß an Aufmerksamkeit zu erhalten. Es ist also ein Teil in uns vorhanden, der uns sagt, dass hier etwas im

Verborgenen liegt. Genau diesen Teil müssen wir suchen und für uns finden. Es geht um die Fragen »Was macht mich glücklich? Was ist mir wirklich wichtig?«.

Oft haben wir gar keine Entscheidung darüber getroffen, etwas zu unterdrücken, doch wir machen es trotzdem, ohne uns darüber bewusst zu sein. Wahrscheinlich hat irgendwer in der Vergangenheit diese Entscheidung für uns getroffen und wir haben sie unbewusst übernommen. Um sich bewusst zu machen, was bis jetzt unbewusst war, ist es wichtig, sich mit seinen limitierenden Glaubenssätzen zu konfrontieren. Limitierende Glaubenssätze sind die Vorannahmen, die uns vom Erreichen unserer Ziele abhalten. Sie liefern uns eine Begründung dafür, warum wir etwas auf eine spezielle Art und Weise oder gar nicht tun sollen. Das können oft ziemlich banale Begründungen sein, zum Beispiel: »Das ist einfach so!« Weil »es einfach so ist«, macht man es nicht. Eine andere Begründung dieser Art lautet: »Das darf man generell nicht tun.« Oft sind limitierende Glaubenssätze Verallgemeinerungen. Wir machen eine spezifische Erfahrung und übertragen die Erkenntnis dieser einzelnen Situation auf alle anderen ähnlichen Momente. Es kann aber auch etwas sehr Konkretes sein, zum Beispiel die kritische Stimme in unserem Kopf, die immer in einer ganz bestimmten Situation aktiv wird und uns blockiert.

»Alle haben gesagt: ›Das geht nicht‹,
bis irgendjemand kam, der das nicht wusste
und es einfach getan hat.«

Unbekannt

Wenn uns jemand sagt: »Du kannst das nicht!«, dann zeigt uns diese Person ihre Limitierungen – und nicht unsere. Gerade ngeber haben meist Minderwertigkeitsgefühle. Einer der besten Ratschläge, die ich je erhalten habe, war: »Nimm keine Kritik von Menschen an, die man nicht selbst um Rat fragen würde.« Solltest du dich wundern, dass diese Aussage eventuell im Widerspruch mit meinem vorigen Tipp steht, sich gerade auch Feedback von Menschen zu holen, die anders sind als man selbst, so mache dir bewusst: Beide Sätze sind richtig und so beabsichtigt. Sie ergänzen sich, anstatt sich auszuschließen. Wir nehmen oft Kritik von Menschen zu ernst, die nicht unseren Werten entsprechen. Dies könnte zu inneren Wertekonflikten führen, weil wir unser Selbstbild mit einem Ideal vergleichen, das wir gar nicht erreichen wollen – hierdurch entsteht Inkongruenz. Menschen als Lehrer oder Mentoren zu finden, die Dinge grundsätzlich anders machen als man selbst, sollte jedoch nicht bedeuten, dass man sich an Werten orientiert, die einem widersprechen. Im Gegenteil: Die größten Erkenntnisse können dann entstehen, wenn wir Feedback von Menschen erhalten, die ähnliche Werte haben, aber andere Strategien, um diese zu erreichen.

Auch wenn du immer du selbst bist, so wirst du doch erkennen, dass du dich in manchen Situationen einfach anders verhältst, als du es gerne hättest. Kommunikation ist immer kontextbezogen. So haben wir alle unterschiedliche Rollen trainiert, die wir wie Masken auf- und absetzen können; je nachdem, in welchem Umfeld wir uns befinden. Alles andere wäre auch unnatürlich! Schließlich verhält man sich beispielsweise seinen Kollegen gegenüber nicht so, wie man sich bei seinen Eltern verhält, oder man behandelt seine Kinder selbstverständlich auch anders als den Partner.

Um ein Leben nach eigenem Standard führen zu können, ist es wichtig zu verstehen, wieso man in manchen Situationen auf eine bestimmte Art und Weise reagiert und ob man diese Reaktion auch wirklich vertreten will. Wir dürfen uns auch nicht wundern, wenn manche Menschen komplett anders auf uns reagieren, als wir es eigentlich erwarten. Grund dafür ist die subjektive Wahrnehmung. Jeder erlebt die Welt anders, und oft wird man von anderen nicht so wahrgenommen, wie man selbst denkt, dass man wirkt. Um diese blinden Flecken unserer Außenwirkung aufzudecken ist der beste Lernkontext ein Training in einer kleineren Gruppe mit fremden Personen. Da wir bei uns selbst oft eine verzerrte Wahrnehmung haben und nicht in der Lage sind, uns so zu erleben, wie wir wirklich bei anderen ankommen, ist dies eine der wichtigsten Lernchancen. Fremde Menschen können uns so auf wertschätzende, respektvolle Weise ihre ehrliche Meinung sagen, und niemand muss befürchten, dass er von den anderen verurteilt wird. Wenn sich die gleiche Wahrnehmung öfter wiederholt, kann man mit einer gewissen Wahrscheinlichkeit davon ausgehen, dass dies die üblicherweise von anderen wahrgenommene Wirkung ist. Wenn eine gewisse Anzahl vertrauenswürdiger Quellen besagt, dass man etwas nicht richtig macht, und man selbst ist der Einzige, der das nicht wahrhaben will, dann hat man hier sehr wahrscheinlich einen blinden Fleck. Da mir oft von meinen Teilnehmern berichtet wird, wie wertvoll diese Erkenntnisse sind, mache ich in jeder meiner NLP-Ausbildungen spezifische Übungen zu genau diesem Thema.

Genauso wie wir als Kinder das Verhalten von unseren Vorbildern nachahmen, übernehmen wir auch die Vorannahmen darüber, wie die Welt funktioniert. »Ubuntu« bezeichnet eine Lebensphilosophie, die im alltäglichen Leben aus afrikanischen Überlieferungen heraus vor allem in Südafrika praktiziert wird. Das Wort »Ubuntu« kommt aus den Bantusprachen der Zulu und der Xhosa und bedeutet in etwa Menschlichkeit, Nächstenliebe und Gemeinsinn sowie die Erfahrung und das Bewusstsein, dass man selbst Teil eines Ganzen ist.[34] Es bedeutet im erweiterten Sinne, dass man von anderen Menschen lernen muss, was es bedeutet, Mensch zu sein. Es heißt also nicht, dass es schlecht ist, was wir von unseren Eltern gelernt haben. Es bedeutet nur, dass es irgendwann einen Punkt im Leben gibt, an dem es vielleicht sinnvoll wäre, sich zu überlegen, ob man von Menschen gelernt hat, die so sind, wie man selbst sein will, oder nur von jenen, die einem geografisch am nächsten waren. Jetzt folgt die zentrale Frage: Wenn du deine ganzen Glaubenssätze, deine ganzen Vorurteile, deine ganzen Gewohnheiten einfach mal außen vor lassen könntest und dich neu entscheiden könntest, wer du bist: Wäre das exakt der Mensch, der du jetzt bist – oder gäbe es ein paar Unterschiede?

Es ist ganz allein unsere eigene Verantwortung, äußere Zwänge und ungewünschte Gewohnheiten abzulegen. Lösen wir uns von all jenem, was wir bisher als Teil von uns selbst akzeptiert haben, was aber in Wahrheit gar nichts mit dem heutigen Leben zu tun haben sollte. Wir können uns entscheiden, unseren eigenen Standard festzulegen und uns einzugestehen, was uns wirklich wichtig ist. Erst dann können wir alles dafür tun, um das zu erreichen. Nur weil etwas bisher funktioniert hat, heißt es nicht, dass es auch in der Zukunft funktionieren wird. Nur weil etwas für jemand anderen funktioniert, heißt es nicht, dass es deshalb auch für dich funktioniert. Manche Menschen sind dir ähnlich, aber sie sind niemals genauso wie du. Aus diesem Grund solltest du nichts für gegeben nehmen und alle Dinge stets kritisch hinterfragen. Vergleiche dich auf keinen Fall zu hart mit anderen.

DAS SCHICKSAL HERAUSFORDERN

Jeder Mensch hat unterschiedliche Bedürfnisse und Ziele, und nicht immer ziehen Job und Spaß an einem Strang und ergänzen sich. Manchmal verfolgen sie eine komplett andere Richtung. Aus diesem Grund ist es wichtig, dass wir uns Klarheit über die eigene Lebensvision, ich nenne sie auch das »Metaziel«, verschaffen. Damit bezeichne ich jenes Ziel, das über allen anderen Zielen steht.

Die deutsch-amerikanischen Psychologen Ansbacher und Ansbacher beschreiben es so, dass im Inneren eines Menschen die Vorstellung eines (fiktiven) Ziels oder Ideals existiert, das darauf abzielt, über den gegenwärtigen Zustand hinauszukommen und die gegenwärtigen Schwächen und Schwierigkeiten durch die Aufstellung eines konkreten Ziels zu überwinden. »Mit Hilfe dieses konkreten Ziels kann sich das Individuum den Schwierigkeiten der Gegenwart überlegen fühlen, weil es den Erfolg der Zukunft im Auge hat.« [35]

Die »personale Finalität« stellt nach dem individualpsychologischen Theoretiker Wexberg die zentralen Persönlichkeit dar und »umfasst das spezifisch menschliche Ausgerichtetsein auf Fernziele, Endziele oder Ideale«. [36] Die personale Finalität ist damit dem Begriff des »Lebensplans« (der von Alfred Adler geprägt wurde), der in den »Lebensstil« integriert ist, gleichzusetzen. Das letztliche Ziel der personalen Finalität entspricht somit aus subjektiver Sicht dem Streben nach einem positiven Selbstwertgefühl. Somit können wir zwischen zwei grundsätzlichen Ausprägungen differenzieren: [37]

- die »gesunden ›Um zu‹-Motive«, auch Wir-hafte Ziele genannt, die der Gemeinschaft dienlich sind, und
- die »ungesunden ›Um zu‹-Motive«, jene Ich-haften Ziele, die lediglich zur Befriedigung der eigenen Bedürfnisse dienen. Oftmals bezweckt man damit die Kompensation vorhandener Minderwertigkeitsgefühle.

Welche Tätigkeiten, die man tagtäglich machen kann, sind dieser höheren Mission dienlich? Mit dieser Klarheit kann man es schaffen, sein Metaziel und seine Urmotivation in Einklang zu bringen. Man kann es schaffen, dass sie sich ergänzen und nicht gegeneinander arbeiten. Damit beantwortest du für dich die Frage »Wie kann ich in diesem Leben meine volle Kraft nutzen, um einen bedeutsamen Beitrag zu leisten?«.

Wenn wir herausfinden, welche Tätigkeiten die Urmotivation erfüllen (also die Dinge, die unser Herz höherschlagen lassen und die wir einfach unglaublich gerne tun), dann können wir diese mit dem, was wir erreichen wollen, kombinieren. Wir können uns so auf jene Tätigkeiten konzentrieren, die uns nicht nur im Moment erfüllen, sondern die auch gleichzeitig der höheren Vision dienlich sind.

Damit wirst du automatisch erfolgreich – was immer Erfolg für dich bedeuten mag. Es muss nicht bedeuten, dass du reich wirst (und vielleicht willst du das gar nicht). Was Erfolg ist, will und kann ich dir auch gar nicht vorgeben. Es heißt ja nicht umsonst »ein Leben nach eigenem Standard«. Jeder muss für sich selbst entscheiden, was die eigenen Ziele sind. Das bedeutet vielleicht auch die schmerzhafte Erkenntnis, dass man nach dem Urteil manch anderer in der Gesellschaft nicht »erfolgreich« ist. Einfach nur, weil man finanziell nicht so erfolgreich ist, wie andere einem das einreden wollen. Wir sollten uns aber bewusst machen: Sie urteilen nur über uns, weil sie selbst durch ihre soziale Programmierung beeinflusst werden und ihren Selbstwert anhand ihres Kontostandes oder ihrer materiellen Besitztümer messen. Innerlich beneiden sie einen vielleicht sogar dafür, dass man den Mut hat, seiner Bestimmung zu folgen, losgelöst von monetären Anreizen. Oder sie reden hinter dem Rücken schlecht über uns – Klatsch und Tratsch kommen uns wieder in Erinnerung. Das hat aber nichts mit uns zu tun, sondern nur mit ihnen. Es kann natürlich auch sein, dass man finanziell durchaus erfolgreich wird mit seiner Urmotivation. Nicht selten ist das auch der Fall. So geht es all den Künstlern, Sportlern, aber auch vielen Menschen in der Wirtschaft oder Politik, die es geschafft haben, sehr viele ihrer täglichen Tätigkeiten mit ihrer Urmotivation in Einklang zu bringen. Im allgemeinen Sprachgebrauch sagen wir oft »Talent« oder »Glück« dazu und ignorieren dabei, wie viel harte Arbeit dahintersteckt. Jeder Beruf bietet Chancen, sich persönlich in bestimmten Tätigkeiten zu entfalten. Jeder Moment kann genutzt werden, wenn man seine Einstellung entsprechend bewusst steuert, ganz nach dem Leitsatz »Tu das, was du am besten kannst – und der Reichtum wird folgen«. Denn immer schon waren Menschen bereit, Geld dafür zu zahlen, weil jemand etwas besser kann als andere. Wir können ihnen eine Abkürzung zeigen! Das funktioniert zumindest in vielen Bereichen so, und dank der Digitalisierung wird es noch einfacher. Aber wer wäre ich, dir zu sagen, ob du dein Potenzial ausleben sollst? Trau dich! Was ist denn schon das Schlimmste, das passieren kann, wenn du scheiterst? Dann wärst du wahrscheinlich genau da, wo du jetzt bereits bist.

Die meisten Blockaden gehen jedoch nicht von den Dingen aus, die uns bewusst sind, sondern von jenen, die uns *nicht bewusst sind.* Aus diesem Grund ist es wichtig, diese in uns verborgenen Glaubenssätze zu erkennen und herauszufinden, ob sie unser Leben limitieren oder bereichern. Natürlich ist es mit etwas mehr Aufwand verbunden, wenn man die Entscheidung getroffen hat, bewusst Verantwortung zu übernehmen. Aber: Wenn man nicht entscheidet, was einem wichtig ist, dann gibt man auch die Kontrolle ab, sodass es jemand anderer für einen entscheiden darf.

Viele Prozesse in unserem Leben laufen automatisch ab. Wenn man sich das nicht täglich bewusst macht – immer wieder aufs Neue –, dann wird diese Erkenntnis irgendwann nicht mehr präsent sein und man wird sie wieder vergessen. Wir sind heute so schnelllebig geworden, dass wir es gewöhnt sind, ständig neuen Reizen zu folgen. Unser Fokus ändert sich mittlerweile sehr schnell und springt die ganze Zeit auf neue Impulse an. Dabei nehmen wir vieles, was wichtig wäre, gar nicht mehr wahr, einfach nur, weil andere Dinge sich uns aufdrängen und das, was dahinter liegt, überlagern. Damit uns das nicht weiter passiert, müssen wir uns selbst programmieren und Wache halten vor den Toren unseres Geistes. Man sollte in der Lage sein, seine Gedanken zu kontrollieren und zu fokussieren. Programmiere dich selbst auf Erfolg, indem du die fünf Prinzipien in dein Leben integrierst! Je öfter du dir dies bewusst machst, umso stärker wird es dein eigenes Unterbewusstsein registrieren und diesen positiven Leitsätzen folgen. Mit bewusster Selbstprogrammierung hast du jederzeit die Möglichkeit, dein Leben zu verändern und in deiner ursprünglichen, wunderschönen Individualität zu strahlen.

WERTE ALS LEBENSKOMPASS

Diese Einzigartigkeit spiegelt sich auch in unseren Werten wider. Werte haben einen sehr großen Einfluss auf unser Leben und sind uns dennoch meist nicht bewusst. Durch die aktive Auseinandersetzung mit unseren Werten schaffen wir eine gute Basis dafür, jene Ziele engagiert zu verfolgen, die es uns wirklich wert sind. Werte sind Dinge,

- die uns wichtig sind.
- die uns motivieren.
- die uns sagen, was richtig oder falsch ist.
- die uns sagen, was gut oder böse ist.
- für die wir Zeit und Ressourcen aufwenden.

Das können beispielsweise sein: Freiheit, Ordnung, Offenheit, Kollegialität, Zurückhaltung, Sicherheit, Pünktlichkeit, Unabhängigkeit, Lebendigkeit, Hilfsbereitschaft, Respekt oder Freundschaft. Werte beeinflussen unsere Zufriedenheit maßgeblich. Sie bestimmen unsere Kultur und sind Motor beziehungsweise die Initiatoren für unser Verhalten. Selbst Firmen haben bestimmte Werte, egal ob sie bewusst nach außen kommuniziert werden oder nicht. Können wir im Einklang mit unseren Werten leben und arbeiten, so geht es uns gut, und wir sind zufrieden (Kongruenz). Damit sind wir in der Lage, in kürzerer Zeit mehr Leistung zu erbringen.

Es kommt jedoch auf den Kontext an, denn es gibt globale Werte, die das ganze Leben betreffen, und kontextabhängige Werte, das heißt, dass die Werte im Kontext »Beruf und Erziehung« und »Persönlichkeit und Freundschaft« jeweils unterschiedlich sein können. So kann im beruflichen Bereich der Wert Erfolg

sehr hoch angesiedelt sein, im Bereich Freundschaft jedoch überhaupt keine Rolle spielen, wo vielleicht eher Intimität zählt. Dennoch werden sicherlich je Lebensbereich (Kontext) nicht völlig
gegenteilige Werte an erster Stelle stehen. Werte sind dabei sehr
zeitstabil und »zäh«, sie können nicht einfach von heute auf morgen verändert werden – es sei denn, die Lebensumstände ändern
sich dramatisch, wie zum Beispiel nach der Geburt des ersten Kin-
des oder weil wir aufgrund von Krieg oder anderen Katastrophen
aus unserem Heimatland flüchten mussten. Umso spannender ist
es, sich mit seinen eigenen Werten auseinanderzusetzen und zu
beobachten, wie sie sich im Laufe der Zeit verändern.

Woran aber kann man nun erkennen, ob ein Wert erfüllt ist?
Für den einen mag »Sicherheit« zum Beispiel bedeuten, dass
finanziell genügend Ressourcen vorhanden sind. Für jemand
anderen bedeutet Sicherheit, sich immer auf seine Freunde verlassen zu können, und wieder ein anderer Mensch schließt sich am
liebsten zu Hause ein, um sicher zu sein. Oberflächlich sehr ähnlich anmutende Werte können somit völlig unterschiedlich gelebt
werden, was sich erst anhand der *Kriterien bemerkbar macht. Deshalb
sind Kriterien auch wichtige Indikatoren dafür, ob wir unsere Werte in die
Realität umsetzen oder nicht gemäß unseren Vorstellungen leben.*[38]

Praktisches Beispiel: Ein konkreter Wert im Leben eines Menschen könnte Ehrlichkeit sein. Das Kriterium oder die Kriterien
beschreibt oder beschreiben, woran festgemacht wird, dass Ehrlichkeit auch wirklich gelebt wird. In der zwischenmenschlichen
Kommunikation und auch im Hinterfragen von Glaubenssystemen ist es wichtig, nicht bei der Definition von Werten stehen zu
bleiben, sondern stets die Kriterien bewusst zu machen.

- Kriterium 1: Ich spreche aus, was ich denke und fühle. Damit meine ich im Speziellen meine eigenen Bedürfnisse. Wichtig ist es, dass ich zuerst meine Bedürfnisse bewusst wahrnehme und sie dann laut ausspreche.
- Kriterium 2: Ich bekomme aus meinem Umfeld oft Feedback. Das ist manchmal unangenehm, doch es zeigt mir, dass Ehrlichkeit in meinem Leben vorhanden ist und ich Ehrlichkeit auch gespiegelt bekomme.
- Kriterium 3: Ich bin auch ehrlich zu mir selbst in dem Sinne, dass ich mir nichts vormache, wenn es um die Erreichung meiner Ziele geht. Das bedeutet, dass ich meine Ziele klar messbar formuliere und halbjährlich kontrolliere, wo ich mich gerade befinde.

Jeder Mensch hat im Durchschnitt acht elementare Werte,[39] die das Leben prägen. Wenn wir sie erfüllen, durch Dinge, die wir tun, dann macht uns das sehr glücklich. Finden wir eine Tätigkeit, die mehr als vier, vielleicht sogar sechs der Werte auf einmal erfüllt, dann ist es sehr wahrscheinlich, dass wir nichts anderes mehr tun möchten. Einfach nur, weil uns diese eine Sache so erfüllt. Schaffen wir es dann noch, mit dieser Tätigkeit unseren Lebensunterhalt teilweise oder sogar komplett zu finanzieren, dann können wir uns sehr glücklich schätzen. Das ist es dann auch, was von vielen Menschen im Westen als »Erfolg« betitelt wird. Überleg dir also nun, welche persönlichen Werte dir wichtig sind. Sie können aus Lebensbereichen wie diesen stammen:

- Gesundheit
- Reichtum
- Familie und Freunde

- Freizeit, Hobbys, Abenteuer
- Beziehung und Partnerschaft
- Karriere und Job
- Kreativität und Inspiration
- Persönliches Wachstum und Bildung
- Spiritualität und gesellschaftlicher Beitrag
- ...

Innerhalb dieser (oder anderer) Bereiche findet man dann seine Werte, wie etwa Liebe, Freiheit, Wachstum oder Anerkennung. Diese Selbstverantwortung zu übernehmen und sich seine Werte nicht nur bewusst zu machen, sondern sie proaktiv zu leben, ist eine der wohl wichtigsten Entscheidungen, die man in seinem Leben treffen kann. Nur wenn man weiß, was man wirklich will – und nur, wenn man dies mit aller Überzeugung vertritt –, ist man in der Lage, ein erfülltes Leben zu führen.

Suche dir einen bestimmten Lebensbereich aus, in dem du deine Werte analysieren möchtest. Schreibe nun all die Werte, die dir in diesem Kontext wichtig sind, untereinander auf ein leeres Blatt Papier. Kontrolliere, ob es sich bei allem, was du aufgeschrieben hast, wirklich um Werte handelt. Reihe nun die Werte nach Wichtigkeit, indem du sie miteinander vergleichst. Wert eins oder zwei, welcher ist dir wichtiger? Worauf könntest du verzichten? Vergleiche den jeweils wichtigeren der beiden mit dem nächsten Wert, bis du alle gewichtet hast. Hast du jeden Wert mit allen anderen verglichen, ergibt sich eine Reihung, welche dir die Hierarchie deiner Werte deutlich macht. Sind die Werte so aufgereiht, wie du es dir gedacht hast? Wie fühlt es sich für dich an, sie schwarz auf weiß zu haben?

RADIKALE EHRLICHKEIT

Brad Blanton lernte beim berühmten Therapeuten Fritz Perls und ist selbst der Begründer der »Radikalen Ehrlichkeit«. Er schenkte mir eine Erkenntnis, die mich bis heute tief geprägt hat. Ich erlebte seine Methode, immer und überall (zu mir selbst und zu anderen) die Wahrheit laut auszusprechen, offen gesagt nicht immer als komplett alltagstauglich. Jedoch vermittelte er mir die Überzeugung, was »radikal ehrlich« zu sein im Kern bedeutet: eine »stete Meditation über das eigene Bewusstsein«. Brad meint damit, dass man, während man spricht, durch radikale Ehrlichkeit stets präsent beim anderen bist. Gleichzeitig ist man sich auch seiner eigenen Gefühle und der Idee, was man kommunizieren will, bewusst. Das bedeutet, dass man parallel Empathie für sein Gegenüber empfindet und sich der eigenen Wahrnehmung bewusst ist.

Überlegst du schon, was als Nächstes in der Zukunft auf dich zukommt, oder fokussierst du dich auf deine Emotionen und auf das, was dein Gegenüber in dir auslöst?

»Lose your mind and come to your senses.«[40]

Fritz Perls

Bleib im Hier und Jetzt, bleib im Moment, fokussiere dich auf deine Emotionen und die Wirkung, die sie haben. Anstatt gleich wieder in deine typischen Gedankenmuster zu verfallen, die wir sonst den ganzen Tag im Alltag haben, wo ein Gedanke den nächsten jagt und dich von dem jetzigen Moment wegführt. Verändere den Fokus – weg von deinen Gedanken, hin zu deinen Sinneswahrnehmungen, und werde dir wieder deiner selbst bewusst:

Was erlebe ich eigentlich gerade in diesem Moment?

_____

_____

Was löst das in mir aus?

_____

_____

Während du diese Dinge aufschreibst und auch während du über sie sprichst, nimmst du deine Gefühle zu dem Thema wahr, über das du kommunizieren möchtest, und du handelst dementsprechend. Um auch zu anderen aufrichtig zu sprechen, bedarf es allerdings nicht nur plumper Direktheit, denn diese kann auch verletzend sein. Erst durch Respekt, Empathie und Wertschätzung deines Gegenübers wird Ehrlichkeit zu einem Werkzeug der Offenheit und Verbundenheit!

Diese Ehrlichkeit beginnt bei uns selbst. Ohne sie werden wir wahrscheinlich niemals in die volle Verantwortung kommen. Erst wenn man erkennt, wie stark man selbst ist und wie man bis jetzt durch die soziale Programmierung beeinflusst wurde, ist man in der Lage, sich von dem Ballast der alten Gewohnheiten und Gedankenmuster zu befreien. Wenn man sein Leben so führt, wie man es wirklich leben will, wird man auch den Zustand erlangen, von sich sagen zu können, dass man wahrhaft man selbst ist. Nicht alle Programmierungen, die wir übernommen haben, müssen hierbei schlecht sein. Es ist jedoch wichtig, sich bewusst zu machen, welche davon man behalten *will* – und welche man nur übernommen hat, weil es keine bessere Alternative gab. Um ein Leben nach dem eigenen Standard zu beginnen, muss man zuerst verstehen, was einen bis jetzt genau davon abgehalten hat. Sei ehrlich zu dir!

2. KEINE AUSREDEN

Innere Blockaden entstehen durch Ausreden (einem selbst und anderen gegenüber). Sie sind das Gegenteil der Verantwortung. Alfred Adler sagte: Selbst »ein Minderwertigkeitskomplex ist eine Entschuldigung«.[41] Oft ist es der einfachere Weg, eine Ausrede zu (er)finden, als Verantwortung zu übernehmen. Viele Ausreden bauen aufeinander auf, oder wir verwenden sie immer wieder, anstatt uns so zu verhalten, wie wir es eigentlich selbst von uns erwarten. Man gibt die Verantwortung ab und damit auch gleichsam die Kontrolle über sein Leben. So beschweren wir uns die ganze Zeit, anstatt zu handeln. Manche Menschen haben den Glaubenssatz »Erfolg ist meine Pflicht!«, und andere wissen das Leben erst zu genießen, wenn sie »nicht mehr leisten müssen«. In diesem Kapitel zeige ich, wie man Schluss mit Ausreden machen und sich von seiner sozialen Programmierung und falschen Vorannahmen lösen kann, um ein Leben nach eigenem Standard zu führen.

Bisher haben uns limitierende Glaubenssätze oder die Unbewusstheit über unsere Programmierung davon abgehalten, dass wir aktiv werden konnten. Man hat vielleicht das Ziel oder den Wunsch, es zu tun, aber irgendwie schafft man es noch nicht. Ich bin mir sicher, dass auch du mir Tausende Gründe nennen könntest, wieso du ein früheres Ziel nicht erreicht hast. Wahrscheinlich hast du dir nicht eingestanden, dass du selbst dafür verantwortlich warst. Stattdessen fängst du an, nach Ausreden zu suchen. Durch diese Ausreden lehnst du jegliche Verantwortung ab – und genau das ist der falsche Weg. Zum Prozess der Eigenverantwortung gehören nicht nur die schönen Dinge, sondern auch jene, die vielleicht nicht so gut gelaufen sind.

Das Erste, was man über Ausreden wissen sollte, ist, dass sie niemals die eigene Situation verbessern werden. Vielleicht machen sie in einem bestimmten Moment das Leben leichter, doch langfristig gesehen wird man unter ihnen leiden. Hast du dir schon einmal Gedanken darüber gemacht, welche davon du immer wieder verwendest? Mit Sicherheit hast auch du schon einige der folgenden häufigen Ausreden benutzt:

- Ich bin überarbeitet.
- Ich bin unterfordert.
- Zu viele Leute arbeiten hier.
- Wir haben nicht genug Leute.
- Mein Manager hilft mir nicht/wird mich nicht in Ruhe lassen.
- Ich habe keine Zeit dafür.
- Ich bin so, wie ich bin, also kann ich nicht anders.
- Ich bin nicht hübsch genug.
- Ich bin zu hübsch.
- Ich kann mich nicht verändern, weil ...
- Unsere Preise sind zu hoch.
- Unsere Preise sind zu niedrig.
- Der Kunde wird mich nicht zurückrufen.
- Der Kunde hat den Termin storniert.
- Leute sagen mir unschöne Sachen.
- Leute sagen mir nicht die Wahrheit.
- Die Wirtschaft ist schlecht.
- Die Konkurrenz ist zu gut.

- Wir haben nicht die richtigen Leute.
- Niemand ist motiviert.
- Die Leute haben eine schlechte Einstellung.
- Niemand hat es mir gesagt.
- Es war jemand anderes schuld.
- Sie ändern ständig ihre Meinung.
- Sie wollen ihre Meinung nicht ändern.
- Ich brauche erst mal Urlaub.
- Ich brauche erst ein fixes Einkommen.
- Ich habe einfach Pech gehabt.

Es ist auch ganz klar: Menschen glauben das, was sie glauben wollen. Und was sie glauben wollen, ist das, was auch immer ihnen eine Rechtfertigung liefert, das zu tun, was sie tun wollen. Natürlich ist es einfacher, den Grund für eine unangenehme Situation oder für das eigene Verhalten, das man selbst als negativ bewertet, auf jemanden oder etwas anderes zu schieben, statt dafür selbst geradezustehen. Schreib auf:

Welche Ausreden habe ich zuletzt benutzt (mir selbst oder anderen gegenüber)?

_____

_____

_____

_____

Stell dir vor, du möchtest Gewicht verlieren. Du hast mit einer Diät angefangen und für dich selbst beschlossen, keine Süßigkeiten mehr zu essen. Dann kommt der nächste Sonntag. Du bist bei der Oma zum Kaffee eingeladen. Sie macht den besten Apfelkuchen auf der Welt. Und was passiert? Es landet ein großes Stück Kuchen auf deinem Teller. Und wieso? Natürlich nur aus einem einzigen Grund: Du wolltest deine Oma nicht beleidigen. Du konntest nichts dafür. Es ging einfach nicht anders. Oder?

Stell dir vor, du hast häufig Geldprobleme. Irgendwie bist du immer kurz davor, pleite zu sein, und du verstehst eigentlich gar nicht, wieso. So oft gehst du doch gar nicht shoppen. So oft gehst du doch gar nicht auswärts essen, und ein wenig Luxus muss dein Budget doch hergeben, letztendlich schuftest du ja auch dafür. Das ewige Loch in der Geldbörse ist daher sicher nicht deine Schuld. Es ist die Arbeit, die daran schuld ist. Du wirst für deine Leistung und für deinen Job einfach nicht gut genug bezahlt. Oder?

Stell dir vor, du hast gerade einen Super-Deal mit einem Kunden abgeschlossen. Es handelt sich dabei um das Geschäft des Jahres. Die Sektkorken haben bereits geknallt. Plötzlich meldet sich der Kunde bei dir und storniert die gesamte Bestellung: klassische »Kaufreue«. Was machst du? Du suchst den Fehler nicht bei dir, sondern natürlich ist der Kunde daran schuld. Eigentlich, wenn du so darüber nachdenkst, ist er ein schlechter Kunde. Er ist ein Kunde, der sowieso nicht deiner Zielgruppe entsprochen hat. Eigentlich wolltest du ihn von Haus aus nicht beliefern. Eigentlich ist es viel besser, so wie es jetzt gekommen ist. Du trinkst genüsslich deinen Sekt und ahnst trotzdem irgendwie, dass der nächste Kunde auch wieder schwierig wird. Wahrscheinlich bist du einfach nicht der richtige Typ, um zu verkaufen, dein Chef hat dich einfach falsch eingeteilt. Es ist sein Fehler, dass er nicht erkannt hat, dass dir verkaufen nicht so liegt. Oder?

Gerne möchte ich auch ein Beispiel aus meiner Schulzeit mit dir teilen. Bei uns gab es im Sportunterricht immer nur eine Möglichkeit, Sport zu machen: Fußball stand auf der Tagesordnung. Doch das Problem war: Ich war nicht wirklich gut darin. Ich war sogar wirklich schlecht. Für mich war es klar: Nicht ich bin kein Fußballtalent, sondern es ist die Schuld des Lehrers, der uns aus seiner Faulheit heraus immer nur mit Fußball bei Laune halten wollte. Es muss natürlich auch die Schuld des Lehrers gewesen sein, weshalb ich beim Foulen besser war als beim Toreschießen. So traurig es klingt: Das Einzige, worin ich im Fußball gut war, war es, unabsichtlich zu foulen. Irgendwann bin ich davon ausgegangen, dass ich einfach schlecht im Sport bin. Erst später habe ich erkannt, dass Fußball einfach nicht mein Sport ist. Aber auch das war ein Entwicklungsprozess. Viele Jahre später habe ich für mich festgestellt, dass mir andere Sportarten durchaus liegen: Muskelaufbautraining zum Beispiel oder Sprinten oder Fahrradfahren, doch niemand hat mir das damals direkt gesagt, dass ich eigentlich für andere Sportarten viel besser geeignet wäre. Hätte ich meine Überzeugung, wie sportlich ich bin, ausschließlich auf der Erfahrung mit Fußball aufgebaut, dann würde ich heute wahrscheinlich mit 130 Kilogramm den ganzen Tag nur auf der Couch rumlungern und fettige Chips in mich reinstopfen, weil Sport für mich sowieso keinen Sinn macht.

DAS FLEXIBELSTE ELEMENT STEUERT DAS SYSTEM

Wenn man Schluss mit den Ausreden macht, so verbannt man Stück für Stück dieses gedankliche Gift aus seinem Geist und aus seiner Kommunikation. Man entwickelt quasi ein Anti-Viren-Programm für sein Betriebssystem. Denn auch wenn die Programmierung ursprünglich von außen kam, so sind wir selbst mittlerweile unser größter Gegner geworden. Darum ist es wichtig, jeden Tag aufs Neue unseren Fokus zu schärfen. Wir werden nur dann von einer negativen Programmierung beeinflusst, wenn unser Geist ein fruchtbarer Boden dafür ist. Deshalb müssen wir flexibel werden und die Verantwortung für unsere Gedankenkonstrukte übernehmen: Das flexibelste Element im System steuert das System. Wenn das, was du tust, nicht funktioniert, dann tue einfach etwas anderes. Wenn der Plan nicht funktioniert, dann ändere den Plan. Aber niemals das Ziel!

Ein gutes Kriterium, um zu messen, wie fruchtbar dein Boden für solch negative Programmierungen sein könnte, ist das Ausmaß deiner Selbstliebe. Wie sehr man sich selbst liebt, steht in direktem Verhältnis zur Qualität und Integrität des eigenen Wortes. Wenn man ehrlich zu sich selbst und achtsam mit seinen Worten ist, fühlt man sich gut und ist im Reinen mit sich und der Welt. Du kannst es direkt messen, indem du dich selbst beobachtest:

- Wie sprichst du mit dir selbst?
- Welche Worte wählst du?
- Wie sind dein Ton und deine Stimmlage?
- Wie geduldig und wertschätzend bist du mit dir?

Worte sind mächtig, nutze sie deshalb auf eine positive Art und Weise. Teile deine Liebe und vermehre sie; zuerst mit dir selbst und danach mit anderen. Es ist möglich und es macht einen Unterschied! Das weiß ich, weil ich es selbst getan habe. Selbst wenn wir unterschiedliche Programmierungen haben, so funktioniert unser Gehirn dennoch auf eine ähnliche Art und Weise. Selbst wenn die Software anders ist – sie läuft auf einer ähnlichen Hardware! Wenn es mir gelungen ist, diese negative Programmierung zu durchbrechen und ein Leben nach eigenem Standard zu erschaffen, dann kannst du das auch tun. Wenn ich ehrlich zu mir sein kann, warum nicht auch du zu dir? Wir alle haben die Möglichkeit, dieses Ziel zu erreichen. Nur der Weg, den wir dorthin gehen, ist manchmal unterschiedlich. Allein diese eine Bewusstheit kann ein ganzes Leben verändern. Dies kann zu persönlicher Freiheit, großem Erfolg und Reichtum führen. Keine Ausreden mehr zu nutzen kann alle Ängste nehmen und eine bisher negative Selbstprogrammierung in Freude und Liebe transformieren.

Manchmal fühlt es sich so an, als würden wir im Paradies sein, während alle anderen Menschen um uns herum in der Hölle leben. Es ist so, als wären wir immun gegen die Viren, von denen alle anderen befallen sind. Nach meiner Erfahrung kann es dadurch manchmal auf andere (gerade jene, die sehr tief in ihrer negativen Programmierung verwurzelt sind) so wirken, als würde man nicht empathisch genug sein. Diese Menschen wollen von ihrem Leid berichten, und sie wollen bemitleidet werden. Doch bei mir bekommen sie kein Mitleid. Nur Mitgefühl! So kann ich empathisch bleiben, mich aber auch weit genug abgrenzen, um nicht selbst in die negative Emotion zu gehen. Für mich bedeutet Glück, mit allem verbunden zu sein und auf nichts reagieren zu *müssen*.

Das kann dazu führen, dass nicht mehr jeder Mensch in deinem Umfeld mit dir klarkommen wird. Denn den Mut zu haben, sich selbst aus dem unsichtbaren Käfig unserer Programmierung zu befreien, kann auf andere befremdend wirken. Manche werden dich dafür sogar verurteilen. Diese Bewertung sagt jedoch nur etwas über diese Menschen und deren Programmierung aus und nichts über dich. In Wahrheit solltest du sogar mit Widerstand rechnen. Denn wenn du das tust, was alle tun, dann wirst du auch das bekommen, was alle anderen haben. Und genau davon willst du dich ja lösen! Nimm es also als positives Feedback, wenn manche beginnen, dich für deine sozial nicht mehr ganz so angepasste Art zu verurteilen. Trotzdem solltest du dir bewusst sein, dass diese Ablehnung häufig dann entsteht, wenn du beginnst, andere Menschen zurechtzuweisen oder von den eigenen Ideen überzeugen zu wollen. Dies ist jedoch nicht der Zweck der Bewusstheit, sondern steht ihr sogar entgegen. Jeder Mensch hat die Fähigkeit, sich selbst zu befreien und niemand erwartet von uns, dass wir andere ungefragt zur »Erleuchtung« führen. Allein, dass wir unsere Wahrheit leben, wird anderen Inspiration genug sein, es uns gleichzutun!

Ausreden machen das Leben vielleicht kurzfristig leichter, aber mit Sicherheit nicht besser.

Nun möchte ich zeigen, wie man wieder zu sich selbst finden und es schaffen kann, sich nicht mehr verstellen zu müssen, nur um von anderen Anerkennung zu bekommen.

DIE GESETZE DES GEISTES

Ich wiederhole es noch einmal, weil es so wichtig ist: Alles beginnt mit einer Entscheidung. Da braucht man sich nichts vorzumachen. Es gibt keine Ausreden. Wenn man sich nicht selbst programmiert, übernehmen es andere für einen. Du brauchst mir jetzt nicht mit »Aber ich war doch noch ein kleines Kind, als meine Eltern mich programmiert haben« kommen. Das stimmt zwar, aber es war eine Entscheidung. Du hast es zugelassen. Es war deine Entscheidung. Sie war es damals, und sie ist es heute noch. Auch genau jetzt, in diesem Moment. Wofür entscheidest du dich heute, wo du erwachsen bist? Es wird Zeit, die Kontrolle über deine Gedanken zu übernehmen. Es wird Zeit für ein Leben nach eigenem Standard.

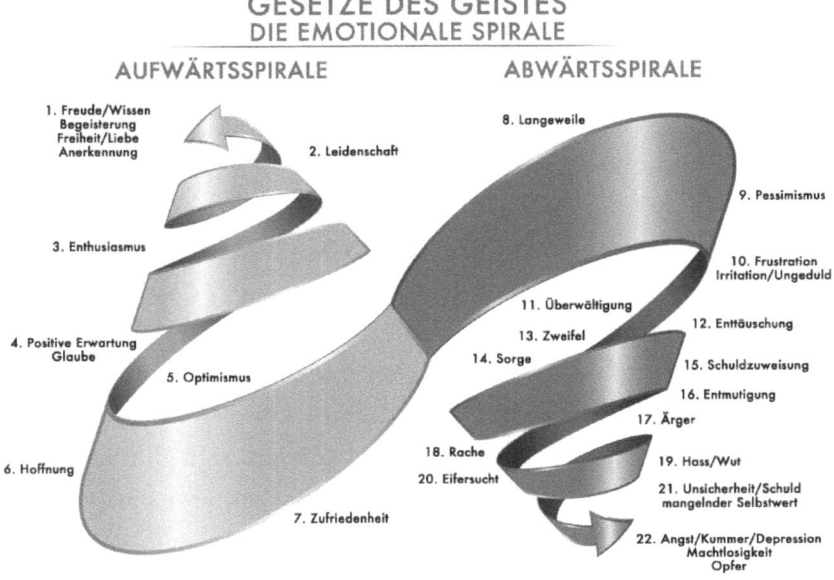

Die emotionale Spirale auf Basis von Abraham-Hicks © by Jerry & Esther Hicks: www.abraham-hicks.com, Telefon: (830) 755-2299

Deutsche Fassung von BenediktAhlfeld.com · Ein Leben nach eigenem Standard.

Abraham-Hicks Publications haben mit dieser Grafik sehr anschaulich dargestellt, wie ein einfacher Gedanke zu einem positiven oder negativen Strudel oder Denkmuster werden kann. Diese spiralförmige Darstellung könnte den Teufelskreis darstellen – oder die Schraube zum Himmel. Ich habe mir mit ihrer freundlichen Genehmigung die Freiheit nehmen dürfen, sie auf Deutsch zu übersetzen.[42] Um unerwünschte Programmierungen zu verändern – die Fesseln der Fremdbestimmung zu sprengen –, sollte man sich dieser vier Prinzipien bewusst sein:

1. **Jede Information manipuliert**
   Jede Information, die wir aufnehmen, beeinflusst uns unweigerlich. Der einzige Weg, nicht (weiter) manipuliert zu werden, wäre, sich gar keinen – zumindest keinen neuen – Einflüssen auszusetzen. Da dies so gut wie gar nicht möglich ist, sollten wir uns bewusst machen, dass wir zwar nicht immer Einfluss nehmen können, welche Informationen uns wie erreichen, dafür können wir aber sehr wohl entscheiden, wie wir damit umgehen.
   Obwohl Körper und Geist wissenschaftlich als zwei verschiedene Dinge betrachtet werden, funktioniert diese Unterscheidung nicht immer. Mentaler Stress kann zu Verspannungen im Rücken oder sogar zur Bildung von Geschwüren führen. Der Konnex zur Psychosomatik wird immer offensichtlicher, und wir können heute sagen: Ja, Gedanken können die Materie verändern. Zumindest den eigenen Körper! Ich glaube an das Prinzip der Reziprozität: Das Außen folgt dem Innen und umgekehrt. Darum setze ich in meinem Innen an, um das Außen folgen zu lassen. Wenn wir uns selbst gegenüber und gegenüber anderen häufig negativ denken, wird sich das auch

genauso auf unser Selbst- und Fremdbild auswirken. Man sollte wie ein Türsteher vor dem besten Klub der Stadt Wache halten vor den Toren des eigenen Geistes und ganz bewusst entscheiden, welche Gedanken an der Party des eigenen Lebens teilnehmen dürfen – und welche »unpassende Schuhe« tragen.

2. **Was wir erwarten, wird passieren**
Wenn wir uns beim Aufwachen selbst sagen, dass heute ein schlechter Tag wird, wird es wahrscheinlich auch so kommen. Vor allem dann, wenn wir unseren eigenen Gefühlszustand und unsere Einstellung beeinflussen. Mit anderen Worten: Die Erwartung an sich führt schon zu den Ergebnissen (englisch self-fulfilling prophecy[43]).
Achte also darauf, was du dir wünschst – es geht wahrscheinlich in Erfüllung! Du kannst die selektive Wahrnehmung auch nutzen, etwa wie Pippi Langstrumpf: »Ich mach mir die Welt, widdewidde wie sie mir gefällt!« Solange man sozial nicht allzu auffällt, ist diese Strategie zumindest auch mit der »Realität« anderer Menschen vereinbar, selbst wenn sie sich die fünf Prinzipien dieses Buches noch nicht zu Herzen genommen haben.

3. **Vorstellung ist stärker als Wissen**
Wir »wissen«, dass Monster nicht existieren. Trotzdem bekommen wir Gänsehaut, wenn wir in der Nacht eine gruselige Geistergeschichte hören. Besonders dann, wenn wir beim Campen ums Lagerfeuer sitzen, weil mal kurz der Strom ausgefallen ist, und wir denken, der dritte Weltkrieg sei an- oder die nächste Finanzkrise ausgebrochen. Es gibt hier keinen Wettbewerb zwischen Imagination und Verstand. Die Fantasie wird immer gewinnen. Stehen sich der Wille und die Vorstellung feindselig gegenüber, unterliegt fast immer und ausnahmslos der Wille.

Anil K. Seth schreibt in *Spektrum der Wissenschaft: »Offensichtlich kann man Menschen dazu bringen, eine unwirkliche Umgebung so zu erleben, als wäre sie vollständig real.«*[44] Dies ist ein weiterer Punkt, der für die bedeutende Rolle unserer Gedanken spricht. Wenn wir nicht die Kontrolle übernehmen, könnten sie uns durchgehen wie aufgeschreckte Pferde; also immer die Zügel schön straff halten.

4. **Selbstbestimmung**
Musstest du jemals mit etwas aufhören und hast herausgefunden, dass es viel schwieriger ist, als du es dir am Anfang vorgestellt hast? Etwa mit dem Rauchen? Oder vielleicht hast du im Zuge einer Diät, um schnell abnehmen zu können, gemerkt, dass »verbotene« Dinge auf einmal viel appetitlicher wirken, auch wenn du sie vorher vielleicht gar nicht gerne gegessen hast? Versuche, einen bestimmten Gedanken zu verdrängen, verstärken ihn bloß.

Ich könnte noch Hunderte solcher Beispiele aufzählen. Grundsätzlich ist es so, dass Dinge eher im Bewusstsein bleiben, wenn man versucht, ihnen zu widerstehen. Das passiert, weil man sich ständig daran erinnern muss, dass man einer bestimmten Sache widerstehen will. Man hat sie dann ständig im Kopf.

Es ist so, als ob jemand einem 10.000 Euro anbieten würde, wenn man es schafft, den ganzen Tag nicht an einen rosa Elefanten zu denken. Ich bin mir sicher, dass die meisten Leute normalerweise niemals an einen rosa Elefanten denken würden. Die Aufgabe, dem Bild des rosa Elefanten zu widerstehen, löst aber genau dieses Bild in unserem Kopf aus und macht die 10.000 Euro leider unerreichbar. Denke also immer an das, was du erreichen willst, und nicht an das, was du *nicht* willst.

Beachte diese vier Gesetze des Geistes und du wirst sehen: Die täglichen Gedanken werden durchgehend positiver werden. Natürlich sind unsere Gedanken und die damit einhergehenden Vorannahmen auch für unseren Gefühlszustand verantwortlich.

Ich wollte einmal eine Web-Domain, die mir gehörte, stornieren. Gemeinsam mit knapp 40 anderen Domains sollte sie gleichzeitig gelöscht werden. Das Nervige daran war bloß, dass man für jede einzelne Domain ein eigenes Formular ausdrucken, handschriftlich ausfüllen (mit dem Domainnamen, der Kundennummer, Anschrift und so weiter) und an den Domain-Provider zurückschicken musste.

Bei einer dieser Domains ist mir ein Flüchtigkeitsfehler passiert, ich vergaß einen Bindestrich. Damals hatte schon jemand anderer genau die gleiche Domain wie ich registriert, aber ohne Bindestrich (mir gehörte nur jene, bei der der Bindestrich enthalten war). Die Angelegenheit war mit dem Domain-Provider schnell geklärt, aber scheinbar wurde parallel der Besitzer der anderen Domain über den Löschversuch informiert und nahm das nicht positiv auf. Das Interessante daran war: Das alles habe ich erst knapp sechs Jahre später herausgefunden, als mir besagter Kollege die Geschichte bei einem zufälligen Kennenlernen persönlich erzählte. Bis zu diesem Moment dachte er, ich hätte wirklich absichtlich versucht, seine Domain löschen zu lassen! Das war einfach seine Vorannahme, und anstatt das direkt mit mir zu klären – mich einfach anzusprechen oder nachzuhaken, was hier wirklich passiert und vorgefallen war –, hatte er einfach diese Vermutung, dass ich so dreist gewesen sei. Obwohl wir vorher noch nie Kontakt miteinander hatten, er mich also gar nicht persönlich kannte, hatte er begonnen, allen anderen Menschen in seinem Umfeld genau diese Version der Geschichte zu erzählen. Diese völlig verzerrte Darstellung der Geschehnisse warf natürlich kein gutes Licht auf mich, und all das nur aufgrund eines fehlenden Bindestriches in einem einzelnen von 40 Formularen. Erst Jahre später stellte sich heraus, was hier vorgefallen war. Ich nahm den Fall sehr ernst und recherchierte sofort den tatsächlichen Hergang in meinen E-Mails. Glücklicherweise konnte ich direkt nachweisen, dass die ganze Geschichte einfach nur ein Versehen gewesen war und sicherlich keine böse Absicht. Als ihm das auch bewusst wurde, war seine Reaktion für mich sehr frustrierend: »Oh, das ist aber blöd, dass ich das jetzt jahrelang über dich erzählt habe.« Ich meinte daraufhin: »Na ja, dann wird es jetzt eben Zeit, das wieder richtigzustellen!« Aber das hat er natürlich nie getan.

Die Botschaft hinter dieser Geschichte soll sein: Alles, was man sagt – zu sich selbst und natürlich auch zu anderen –, hat Konsequenzen. Unterschätze niemals die Macht der Worte! Und nicht immer ist alles so, wie man glaubt, dass es ist. Hinterfrage die eigenen Vorannahmen und geh einfach davon aus (egal, was du denkst), dass du vielleicht auch falschliegst. Lieber zweimal nachfragen, als einmal danebenliegen und das ewig bereuen zu müssen. Das ist vielleicht die einzige Vorannahme, die man sich immer in Erinnerung rufen sollte: »Vielleicht liege ich falsch?«

ALLE VORANNAHMEN BASIEREN AUF IGNORANZ

Michael Titze, ein deutscher Psychotherapeut und Psychoanalytiker, hat festgestellt, dass die subjektiven Meinungen des Menschen grundsätzlich die Funktion hätten, die psychischen Ausgangsorte der Zielvorstellungen oder »Handlungsentwürfe« zu sein. Und da nach Adler der Ursprung der persönlichen Ziele und Ideale niemals auf objektive Bedingungen zurückgeführt werden könne, seien sie genauso fiktiv wie die subjektiven oder persönlichen Meinungen eines Menschen.[45]

In der Psychologie nennt man dies auch den Pygmalioneffekt[46]: Er tritt dann auf, »wenn sich eine (vorweggenommene) Einschätzung einer Person (zum Beispiel eines Schülers) durch eine andere Person (zum Beispiel einen Lehrer) im späteren Verlauf bestätigt«. Bei dem Beispiel Schüler/Lehrer trifft dies ein, da der Lehrer den Schülern seine Erwartungen indirekt übermittelt, zum Beispiel durch persönliche Zuwendung, hohe Leistungsanforderungen oder ähnliche Vorgehensweisem. »Robert Rosenthal und Lenore F. Jacobson wiesen experimentell nach, dass ein Lehrer, dem suggeriert wird, einige Schüler seien besonders begabt, diese unbewusst so fördert, dass sie am Ende auch tatsächlich ihre Leistungen steigern.«[47]

Was ist jedoch, wenn uns Freunde oder Kollegen auf der Basis ihrer subjektiven (und manchmal verzerrten) Wahrnehmung negativ über andere Menschen informieren und wir diese Einschätzung übernehmen – ohne sie zu hinterfragen? Mir wurde etwa einmal während meiner Studienzeit, als ich gerade einen neuen Kurs über Geldtheorie begann, über den Vortragenden erzählt, dass dieser ein Holocaustleugner wäre. Das Wort und der emotionale Code, den die Person vermittelte, als sie dies sagte, prägten sich mir sofort ein. Was ich nicht wissen konnte, war die Motivation der Person, es zu sagen, oder wie sie zu dieser Annahme kam. Vielleicht war die Person wütend, weil sie in der Lehrveranstaltung durchgefallen war, oder es war einfach nur eine Vermutung aufgrund von Ängsten und Vorurteilen. Es stimmte zwar, dass der Professor aufgrund »zweifelhafter Aussagen über den Holocaust« vorläufig vom Dienst suspendiert wurde, jedoch wurde diese Suspendierung rasch wieder aufgehoben, und er lehrt bis zum heutigen Tag. Dennoch hielten sich die Gerüchte deutlich länger, als ihm wahrscheinlich lieb war.

Wahrscheinlich nirgendwo sonst haben Worte so viel Unheil für die menschliche Zivilisation bewirkt wie in jenen Momenten, in denen wir uns als Spezies durch Oberflächlichkeit und Ignoranz haben leiten lassen. Noch bis heute sind diese Vorverurteilungen spürbar. Viele Menschen sind sehr stolz auf ihre Nationalität als Geburtsrecht (was an sich ja nichts Verwerfliches ist) und wollen »ihr« Land vor der »Zuwanderung durch Flüchtlinge schützen«. Wenn wir aber ehrlich sind, sollten wir uns fragen: Was haben diese Menschen beigetragen, um sich dieses »Recht« zu verdienen? Sie hatten einfach nur Glück, auf dieser Seite der Grenze geboren zu sein. Wer in einem privilegierten Land lebt, will seine Vorzüge natürlich auch nicht aufgeben und glaubt somit freiwillig an die Lüge, dass Menschen von unterschiedlichem Wert sind. Es ist eine sehr alte Lüge, die immer schon ein Zweiklassendenken befeuert hat. Man bedenke nur all die rassistischen Gräueltaten in der Geschichte unserer »Zivilisation«. In dem Moment, als wir geboren wurden, bekamen wir unseren Namen, unsere Religion, unser Geschlecht und – wie manche es nennen – auch unsere »Rasse« zugeteilt. Der Begriff »Rasse« ist in sich aber schon falsch, wie von der wissenschaftlichen Arbeitsgruppe der internationalen UNESCO-Konferenz »Gegen Rassismus, Gewalt und Diskriminierung« am 8. und 9. Juni 1995 in Stadtschlaining, Österreich, klargestellt wurde: »Zu den Vorstellungen, die sich tiefgreifend gewandelt haben, gehören die Konzepte zur Variation des Menschen. (...) Es gibt keinen wissenschaftlichen Grund, den Begriff ›Rasse‹ weiterhin zu verwenden.«[48]

Wie also können wir diese unreflektierte Diskriminierung bezeichnen, wenn nicht als Rassismus? Der zutreffendste Begriff ist wahrscheinlich »Kulturalismus«. Denn es gibt nach wie vor bestimmte Menschen – also »Kulturalisten« –, die andere aufgrund ihrer Lebensweise diskriminieren. So traurig es ist: Manche Menschen beginnen deswegen immer noch Kriege. Uns ist schon klar, woher diese Kultur kommt, die dir vorgibt, wer du sein musst. Es ist ein Konzept, das nicht von dir stammt. Es ist bloß eine Ansammlung aus Vorannahmen, die lange vor deiner eigenen Lebenszeit festgelegt wurden und heute vielleicht gar nicht mehr zutreffen.

Doch genau hier entstehen innere Konflikte. Denn wer dieser sozialen Erwartung nicht entspricht, kann das Gefühl entwickeln, falsch zu sein. Schließlich definieren wir darüber unsere Identität. Der Schauspieler Jim Carrey drehte 1998 den Film *Der Mondmann* über den Comedian Andy Kaufman. Am Set rastete Carrey dabei öfters völlig aus. Die Doku *Jim & Andy*, die das Videomaterial über die Dreharbeiten hinter den Kulissen enthielt, erschien erst knapp 20 Jahre später, weil die Produktionsfirma Universal damals nicht wollte, dass es veröffentlicht wurde. Denn niemand sollte denken, »was Jim Carrey doch für ein Arschloch gewesen ist«. Carrey ging dabei völlig in der Rolle von Kaufman auf: »Er terrorisierte seine Kollegen (…). Carrey wurde Kaufman mit all seinen Macken, seinen unausstehlichen Charakterzügen und seiner kindlichen Naivität, und er blieb es auch, wenn der Regisseur längst ›Cut‹ gerufen hatte.«[49]

In der Doku berichtete Carrey davon, wie er so eng mit Andy Kaufman verschmolz, dass er seine eigene Identität währenddessen verlor. Er wusste nicht mehr, was echt ist und was nicht. War er nun Jim Carrey oder Andy Kaufman? Oder doch Tony Clifton, das »Alter Ego«, das Andy Kaufman gespielt hatte?[50] Die Verwandlung war sogar so beeindruckend, »dass die Familie des realen Kaufman, der zu diesem Zeitpunkt bereits seit fast 15 Jahren tot war, nach dem Treffen mit dem falschen Kaufman/Carrey emotional völlig aufgelöst« war.[51]

Carrey hat heute scheinbar in tiefstem Frieden mit seiner Filmkarriere der 1990er-Jahre abgeschlossen und malt großformatig und mit grellen Farben in einem eigenen Atelier. 2015 konnte man ihn in Jerry Seinfelds Show *Comedians in Cars Getting Coffee* sehen. Er sprach darüber, dass er gerade drei Wochen fastete und sich bald für mehrere Tage zu einem Silent Retreat zurückziehen wird. Er wirkte sehr zufrieden und sagte Sätze wie: »Ich habe keine Ambitionen mehr.«[52] Im Rückblick wurde aus dem engagierten Method-Actor Carrey in *Jim & Andy* ein existenzialistischer Philosoph, der tiefgründige Frage nach der eigenen Identität stellte:

- Wie weit kann man sich in eine andere Person hineinfühlen?
- Wo und wie verschwimmen die Grenzen zum eigenen Selbst?
- Wie befreiend kann es sein, nicht mehr die Rolle der eigenen Identität spielen zu müssen?

»Man muss sich selbst töten, um die Person zu werden, die es schaffen wird«, sagte der heutige Jim Carrey darüber und meinte damit, dass der Mensch, der man werden will, nicht mit dem Wissen und Können des heutigen Selbst entstehen kann. Man muss von Grund auf eine neue Identität erschaffen und sich dieser völlig hingeben. So wie eine Raupe, die zum Schmetterling wird.

DIE RÜSTUNG ABLEGEN

Ich finde, dass das »Ablegen einer Rüstung« eine wirklich schöne Metapher für den Prozess der Identität ist. Ich vergleiche es gerne – wie ich es im Zen-Buddhismus erlernt habe – mit dem Beispiel einer Zwiebel. Man könnte statt der Zwiebel auch das Beispiel eines Baumes nehmen. Jeder kommt auf die Welt mit einem inneren Kern. Mit jedem Jahr, jeder neuen prägenden Erfahrung kommt eine neue Programmierung dazu. Man wächst, wird größer, sammelt immer mehr Annahmen von außen und lernt, wie die Welt angeblich funktioniert. Jede neue Erfahrung entspricht einer weiteren Schale der Zwiebel oder einem neuen Ring im Baumstamm als Feedback auf das eigene Verhalten. Abhängig davon, was das Umfeld präferiert, bekommt man Feedback oder eben nicht. Dies bestärkt einen, bestimmte Dinge zu tun oder andere Dinge nicht zu tun. Man könnte auch sagen, dass man mit der Zeit immer mehr Teile einer Rüstung anlegt. Jedes Rüstungsteil fügt eine neue Vorannahme in uns hinzu, und weil man nun die Werte seines Umfeldes teilt, schützt sie uns vor Verurteilung. Doch sie hat auch ein gewisses Gewicht, das einen träge machen kann. Natürlich hat sie auch Vorteile; sonst würde man dieses Gewicht ja nicht so lange tragen wollen.

Irgendwann ist die Rüstung komplett, und weil man sich schon so an sie gewöhnt hat, wie eine zweite Haut, ist einem gar nicht mehr bewusst, dass man sie trägt. Auch von außen ist nur noch die Rüstung zu sehen. Der Kern ist nicht mehr zu erkennen, denn man ist ja komplett von der Rüstung umhüllt. Alle sehen nur die äußerste Zwiebelschale, nur die Rinde vom Baum, und man kann auch selber nicht mehr hineinsehen. Genauso ist es auch bei allen anderen Menschen: Wir sind gewöhnt, den Baum nur von außen zu sehen. Wir beginnen, die Rüstung der Menschen mit ihrem wahren Selbst zu verwechseln. Wir bewerten und verurteilen sie für ihr Verhalten und zeigen kein Verständnis für ihre Interferenzen.

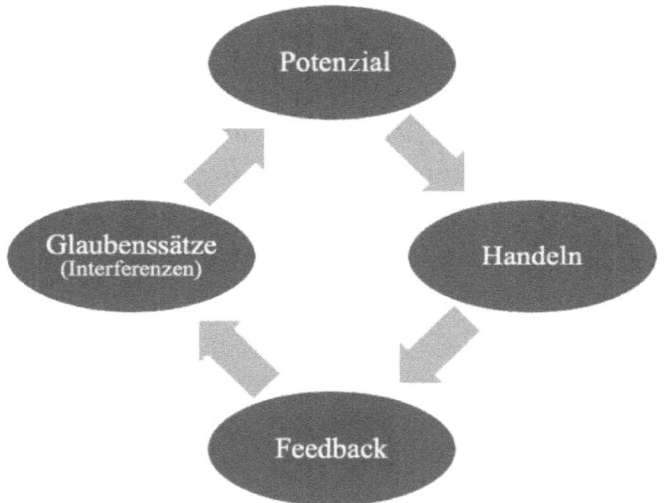

Quelle: Wie Feedback unsere Glaubenssätze beeinflusst, eigene Grafik

Das Ziel, das fast jede Art von spiritueller Lehre verfolgt, ist die Umkehr auf diesem Weg, der nur nach außen orientiert ist und immer noch mehr neue Rüstungsteile hinzufügen will. Stattdessen sollten wir umkehren und uns auf den Weg zurück nach innen, zum Kern machen. Deswegen heißt es auch Religion, weil »religio« auf das lateinische Verb »relegere« zurückzuführen ist[53] und für das »Wiederbeachten« oder »Wiederaufsammeln« steht. »Religio« ist der Weg zurück, und er sagt uns: Es wird Zeit, hier umzukehren und zurückzugehen, in die andere Richtung, nach innen. Es wird Zeit, die einzelnen Teile der Rüstung abzulegen, die uns behindern. Das sind unsere limitierenden Glaubenssätze, die Interferenzen, der Computervirus.

Das ist ein Prozess, der vielen Menschen Angst macht. Das ist nur logisch, denn sie wissen ja gar nicht mehr, wo dieser Kern liegt, diese ursprüngliche Motivation, die Urmotivation.

Manche würden jetzt vielleicht sagen – etwa wenn sie esoterisch oder spirituell sind –, dass man mit einer Idee geboren wurde. Das kann jetzt eine genetische Information sein, weil jeder von uns auch eine genetische Information bei der Zeugung mitbekommen hat. Als wir geboren wurden, war unser Körper noch nicht so, wie er jetzt ist. Aber diese Idee, wie man auszusehen hat, war schon in uns gespeichert. Wir sind quasi in diese Idee hineingewachsen. Das war in diesem Moment keine bewusste Entscheidung, sondern der Weg war vorgegeben. Man kann es noch spiritueller sagen: Es ist die Seele, die ins Fleisch inkarniert ist. Das lateinische »incarnatio« steht für die »Fleischwerdung«, also das »ins Fleisch treten«[54] einer höheren Idee oder Bewusstheit. Auch wenn man im spirituellen Erklärmodell bleibt, könnte man sagen, dass wir in dieses Leben gekommen sind, um unsere Seelenaufgaben zu erfüllen. Wir haben vielleicht nicht nur eine genetische Programmierung erhalten, sondern auch eine seelisch-geistige Programmierung. Oder man könnte sagen, wir haben ganz einfach all das, was wir heute glauben, durch die soziale Programmierung erlernt. Am Ende sind wir heute zu dem geworden, was das Feedback der Umwelt aus uns gemacht hat.

Das Ziel wäre jetzt, all diese Geschichten, deine gesamte Programmierung, all die Rüstungsteile abzulegen. Gleichzeitig bedeutet das aber, dass man seine bisherige Identität aufgibt. Du müsstest vergessen oder zumindest bewusst ablegen, wer du heute bist: deinen Namen, deine Religion, deine Kultur, vielleicht sogar dein

Geschlecht. Um dann von Anfang an – nur vom Kern deines wahren Selbst aus – zu beginnen, wieder neue Programmierungen hinzuzufügen, nun aber ausschließlich jene Annahmen, die deiner
Urmotivation wirklich entsprechen. Vielleicht gehören auch ein
paar meiner hier vorgestellten Prinzipien dazu. Das muss aber
nicht sein. Es könnte etwas gänzlich anderes sein, und das wäre für
mich auch in Ordnung. Ich würde es nicht persönlich nehmen,
wenn meine Leitsätze bei dir nur auf wenig oder gar keine Resonanz stoßen. Wenn du diesen Weg konsequent gehst, wer weiß:
Vielleicht kommst du nicht mehr am gleichen Punkt deiner heutigen Lebenssituation an, sondern an einem völlig anderen? Ver-
ständlicherweise kann diese Ungewissheit in manchen Menschen
ein unbehagliches Gefühl auslösen. Sie fragen sich dann: »Soll ich
wirklich alles aufgeben, was ich mir die letzten Jahrzehnte so hart
erkämpft habe? All die Opfer, die ich erbringen musste? Soll das
alles umsonst gewesen sein?«

DIE ANGST ÜBERWINDEN, MAN SELBST ZU SEIN

Deswegen habe ich bereits vor ein paar Jahren ein Buch mit dem
Titel *Überwinde die Angst du selbst zu sein* geschrieben, welches sich
diesem Thema im Detail widmet. Die Angst, man selbst zu sein,
begründet sich darin, dass viele Menschen ihre Urmotivation gar
nicht mehr kennen, sie vergessen oder verdrängt haben. Außerdem spüren sie tief in sich: Ich bin nicht ganz glücklich. Aber sie
haben keine Ahnung, was passiert, wenn sie all das aufgeben, was
sie jetzt schon besitzen. Darum klammern sie sich weiter daran,
denn so wissen sie wenigstens, woran sie sind; auch wenn es nicht
immer angenehm ist.

Die entscheidende Frage bleibt: »Wer bin ich? Was ist meine Identität?« Allerdings könnte man auch sagen: Selbst das ist bloß eine Maske. Unsere Identität ist eine Maske; eine Rolle, die wir spielen. Wir alle sind Schauspieler des Lebens. Wir haben diese Maske aufgesetzt bekommen und uns dann so sehr daran gewöhnt, dass sie uns nicht mehr auffällt. Wir sind wie Jim Carrey zu einem Andy Kaufman geworden. Wenn wir wirklich ehrlich sind, dann wissen wir: Es ist nur eine Maske, und die können wir auch ablegen. Für mich bedeutet diese Erkenntnis wahre Freiheit.

Ohne diese Bewusstheit suchen die meisten Menschen ihre Vision in der Außenwelt und richten sich dadurch nach den Erwartungen anderer. Das macht aber nicht glücklich, denn die Erwartungen anderer … sind die Erwartungen anderer. Lebe nicht, um die Erwartungen anderer zu erfüllen! Mir ist egal, was andere über mich denken. Mir ist nur wichtig, was ich über mich denke! Stelle dir vor, du machst jetzt gerade ein Selfie (ein Foto von dir selbst) – vielleicht machst du es sogar wirklich kurz mit deinem Smartphone. Schau dir dieses Foto jetzt genau an. Egal, was du von dir denkst: Du hast entschieden, diese Person zu werden. Du bist nicht das Produkt deiner Gene oder deiner Erziehung, sondern die Person, die du auf diesem Foto siehst, ist das Ergebnis deiner Entscheidungen.

Trotzdem sind die meisten Menschen nicht glücklich mit dem, was sie da sehen. Sie hätten gerne mehr Geld, einen besseren Job oder einfach nur ein paar Kilo weniger auf der Hüfte. Und dennoch sehen wir auf den verschiedenen Social-Media-Kanälen immer wieder Bilder von vermeintlich glücklichen, erfolgreichen Menschen, die trotz ihrer Karriere auch viel Zeit für ihre Hobbys und ihre Liebsten haben. Warum teilen so viele Menschen überhaupt Einblicke in ihren Alltag auf Social Media? Der Grund ist die Bestätigung – die Likes, Herzchen und Daumen hoch – von anderen, die einem zeigen, alles richtig zu machen. Auch wenn man vielleicht selbst nicht ganz davon überzeugt ist.

Es ist vor allem die Generation Z, auch bekannt als Digital Natives (das sind jene Personen, die nach 1995 geboren und mit dem Internet aufgewachsen sind), für die das Smartphone zu einer Art Verlängerung des eigenen Körpers geworden ist. Laut aktuellen Statistiken surfen 69 Prozent aller Jugendlichen zwischen 12 und 19 Jahren vor dem Zubettgehen aktiv im Netz und viele unmittelbar nach dem Aufwachen.[55] Durch den Druck der ständigen Verfügbarkeit und Anwesenheit auf Social-Media-Kanälen sind viele von uns überfordert von der unzähligen Anzahl an Informationen, die uns konstant überfluten. Dieses große Angebot an Möglichkeiten macht es uns nicht gerade leicht, die richtige Entscheidung zu treffen und uns für etwas zu motivieren. Der Grund dafür ist die Scheinwelt, in der wir leben. Die Welt und das Leben, das auf Facebook und Co. zu sehen ist, beeinflusst nämlich direkt unseren Selbstwert. Kein Wunder, dass es heute vielen schwerfällt, sich selbst zu motivieren.

WIE MISST MAN DEN SELBSTWERT?

Selbstwert ist der Vergleich der Selbstwahrnehmung mit der angenommenen Fremdwahrnehmung. Alfred Adler sagte: »Minderwertigkeitsgefühle sind subjektive Annahmen.«[56] Gerade im Berufsleben finden sich viele Möglichkeiten, um Minderwertigkeitsgefühle zu kompensieren und zumindest eingebildeten Selbstwert aufzubauen.

Es ist so, als hätten wir zwei widersprüchliche Bilder von uns selbst im Kopf. Das eine zeigt uns so, wie wir glauben, sein zu müssen, um anderen zu gefallen, und das andere zeigt uns so, wie wir uns aktuell selbst wahrnehmen. Gibt es hier einen größeren Unterschied, macht dieser Vergleich viele Menschen unglücklich. Insbesondere dann, wenn die angenommene Fremdwahrnehmung auf einem realitätsfernen Ideal basiert. Dieses wird aber ganz gezielt durch die Medien und die Werbung erschaffen, damit wir Bedürfnisse entwickeln, die wir ohne Werbung gar nicht hätten! Man betrachte nur einmal die ganzen Werbesujets in Hochglanzmagazinen, wo sogar die Topmodels noch nicht gut genug aussehen und deshalb mit digitaler Bildbearbeitung nachbearbeitet werden. Dadurch wird ein künstliches Schönheitsideal kreiert, dem keiner mehr gerecht werden kann. Dennoch hat es einen unmittelbaren Effekt auf unseren Selbstwert, weil wir uns unbewusst mit diesem unerreichbaren Ideal vergleichen. Doch das Leben ist kein Wettbewerb. Wir sind selbst verantwortlich dafür, welchen Wert wir uns geben. Er entsteht vielleicht im Vergleich, aber die Frage ist, womit man sich vergleicht. Der Fremdwert ist relativ eindeutig. Es ist so, als ob man einen 50-Euro-Schein nimmt und ihn jemandem auf der Straße zeigt. Wenn man die Menschen fragt, was dieses Papier für einen Wert hat, werden die meisten Menschen sagen, der Schein sei 50 Euro wert. Darauf hat sich unsere Gesellschaft geeinigt. Wenn ich jetzt diesen 50-Euro-Schein zerknüllen, auf den Boden werfen und darauf herumtrampeln würde, dann wäre er immer noch 50 Euro wert, oder? Obwohl er zerknüllt ist und vielleicht sogar leicht eingerissen, der Wert wäre weiterhin 50 Euro.

Genauso verhält es sich in Wahrheit auch mit unserem eigenen Wert. Unser Selbstwert ist gleichbleibend und fix vorgegeben. Er ist immer gleich hoch, aber wir selber beeinflussen ihn manchmal negativ. Vielleicht, weil wir uns eben mit perfektionistischen Idealen vergleichen, die oft gar nicht real erreichbar sind. Diese Vorgaben sind erlernt, und in unterschiedlichen Kulturen gibt es ganz verschiedene Kriterien für die Bewertung, was einen Menschen gut oder schlecht macht. Das heißt, aber auch, dass diese Art von Vergleich nicht wirklich sinnvoll ist, denn diese Bewertung muss ja nicht stimmen. Denn wenn der eine Wert in Amerika sehr wichtig, aber in Japan verpönt ist, dann ist letztendlich nur entscheidend, wo man sich geografisch befindet. Unser Verhalten kann gleich bleiben, aber je nachdem, an welchem Ort wir uns gerade befinden, ändert sich die Bewertung darüber, ob dieses Verhalten gut oder schlecht ist. Das Umfeld formt uns als Menschen. Aber nur, weil unser Umfeld etwas vorgibt, muss es noch nicht richtig sein für uns. Wir können selbst entscheiden und sollten damit auch die Art und Weise, wie wir uns selbst und andere bewerten, infrage stellen und reflektieren.

Denk noch einmal zurück an das Beispiel, in dem du nackt vor dem Badezimmerspiegel stehst: Wohin geht dein Fokus zuerst? Achtest du auf etwas, das dir an dir gefällt, oder einen Makel? Bei den meisten Menschen geht der Fokus unbewusst zuerst zu einer Stelle an ihrem Körper, mit der sie nicht zufrieden sind. Das hat einen großen Einfluss auf unsere allgemeine Selbstwahrnehmung, weil wir uns nun Beweise dafür suchen, warum wir nicht gut genug sind. Dies bestätigt uns in unserer Überzeugung, einen niedrigen Selbstwert zu haben, und so beginnt der Teufelskreis der negativen Selbstprogrammierung. Täglich kommen mehr potenziell negative Programmierungen dazu. Früher waren es die Geschichten unserer Ältesten, dann kamen Radio und TV, und nun sind es Werbung, Nachrichten sowie die sozialen Medien, die maßgeblich Einfluss auf unsere Selbstbewertung ausüben. Denn sie geben den vermeintlichen Standard vor, an dem wir uns unbewusst orientieren.

Doch letztendlich sind nur wir selbst für uns verantwortlich. Es sind nicht die Eltern, die Werbung oder das Bildungssystem, denen wir die Schuld daran geben könnten, dass wir von unserer Urmotivation abgekommen sind. Man hat es selbst in der Hand, sein Leben so zu leben, wie man es für richtig erachtet. Ausreden sind hier fehl am Platz. Mach dir bewusst: Der Prozess, dich Schritt für Schritt von der sozialen Programmierung zu lösen, braucht eine gewisse Zeit. Es ist wichtig, dass du dir diese Zeit nimmst. Du kannst es dir aber auch einfacher machen und bewusst jene Medien und Kanäle ausblenden, die besonders stark davon ablenken, sich auf das Wesentliche zu konzentrieren. Nicht umsonst sind viele berühmte Heiler und spirituelle Lehrer zuerst in die Wüste oder in ein Kloster gegangen, um sich völlig aus dem Alltag zurückzuziehen und alleine zu leben. Je weniger äußere Ablenkung um einen herum ist, umso leichter fällt der Blick nach innen. Denn diese vielen äußeren Einflüsse erzeugen teils sehr widersprüchliche Glaubenssätze in uns (die wir zuvor schon mehrfach als »Interferenzen« bezeichnet haben). So entstehen Zweifel daran, ob wir die Dinge überhaupt richtig machen. Genau dadurch tun wir oft genau das Falsche – oder noch schlimmer: gar nichts. Zweifel zerstören mehr Träume, als Niederlagen es je tun werden. Wenn wir auf den sozialen Medien nur das Positive teilen, dann leben wir nach außen hin in einer perfekten Scheinwelt. Wir erzeugen damit aber auch einen inneren Druck, dieser falschen Erwartungshaltung gerecht werden zu müssen. Dabei vergessen wir, wer wir wirklich sind, und fallen in ein emotionales Tief. Eine Entscheidung zu treffen bedeutet im Umkehrschluss immer auch, »Nein« zu etwas zu sagen. Das löst in vielen Menschen einen inneren Konflikt aus. Oft geht es dabei um Entscheidungen, welche nicht aus tiefster Überzeugung heraus getroffen, sondern nur von anderen erwartet werden. Was für andere gut ist, muss nicht unbedingt für einen selber gut sein!

DIE ROTE PILLE

Manche Entscheidungen werden uns sogar von unserem Alltag abgenommen. Als »Maschine Mensch« müssen wir heute einfach funktionieren, um alles am Laufen zu erhalten. Wie fatal das ist, haben wir gerade erst gesehen, als COVID-19 uns nah an den wirtschaftlichen Kollaps brachte; einfach nur, weil für ein paar Wochen ein paar Betriebe schließen mussten. Für viele jedoch bleibt dieser maschinenhafte Alltag Realität – vergleichbar mit dem täglich wiederkehrenden Murmeltier im Film *Und täglich grüßt das Murmeltier* mit Bill Murray und Andie MacDowell. Aber ist das wirklich auf Dauer erstrebenswert? Um wahrhaft freie Entscheidungen treffen zu können, ist es notwendig, sich zuerst über eigene Verhaltensmuster, Glaubenssätze und soziale Programmierungen bewusst zu werden. Bis jetzt haben sie das Leben bestimmt, aber treffen sie auch noch heute oder in der Zukunft auf uns zu? Spiegeln sich darin unsere eigenen Werte wider oder die von anderen? Es liegt ganz alleine an uns selber, Entscheidungen nach unseren Wertvorstellungen zu treffen. Ist man mit sich selbst im Reinen, dann lebt es sich einfach leichter. Es ist die Herausforderung unserer modernen Zeit mit allen ihren schnelllebigen Belohnungen, die von uns erwartet, mehr Fokus auf unsere Umwelt zu richten als auf uns selbst.

Aus diesem Grund ist es wichtig, in sich selbst einen inneren Ruhepol zu finden. Es ist wichtig, sich täglich erneut daran zu erinnern, bewusst auf die eigene Programmierung zu achten und gezielt zu selektieren, welche Annahmen man in sein Leben integriert und welche Glaubenssätze einen stattdessen bloß sabotieren. Nur wenn man aus tiefster Überzeugung hinter seinen Werten steht, ist man auch in der Lage, seinen Entscheidungen komplett zu vertrauen. Dieses Vertrauen in sich selbst ist die Basis für ein Leben in Freiheit. Nur wenn man wirklich weiß, wer man ist –und nur wenn man wirklich weiß, welche Werte man vertreten will –, ist es möglich, die richtigen Entscheidungen zu treffen. Das betrifft sowohl die bewusste Auseinandersetzung mit der eigenen Programmierung als auch das Finden des individuellen Metaziels. Dies wird es dir ermöglichen, authentisch und ohne Zweifel durchs Leben zu gehen. Erst wenn du deine wahre Identität freigelegt hast, kannst du in der Lage sein, auch wirklich selbstbestimmte Entscheidungen zu treffen, für die du die volle Verantwortung übernehmen kannst.

Vielleicht ergeht es dir dann so wie Neo im Film *Matrix*, gespielt von Keanu Reeves, als er zum ersten Mal (nachdem er von Morpheus durch das Schlucken einer roten Pille aus der Matrix befreit wurde) in die Traumwelt zurückkehrt und all die Menschen sieht, die sich nicht darüber bewusst sind, dass sie in Wahrheit versklavt sind. Wieso brechen sie nicht auch aus wie er? Die Möglichkeit dazu haben sie alle. Aber es sind die Ausreden, die sie davon abhalten, den entscheidenden Schritt zu tun. Fange ab jetzt damit an, dich selbst dabei bewusst zu beobachten, wann und wo du Ausreden benutzt. Vielleicht ist es bisher manchmal einfach bequemer gewesen, keiner Kritik oder einer unangenehmen Erfahrung ausgesetzt zu sein, anstatt sich wirklich damit zu beschäftigen? Ausreden und Schuldzuweisungen sind das Gegenteil von Eigenverantwortung. Sie basieren meistens auf Vorannahmen. Das kann uns in der Wahrnehmung der Welt limitieren und zu Selbstsabotage führen. Löse dich von deinen Vorannahmen und mach Schluss mit Ausreden!

3. BEOBACHTUNG VON BEWERTUNG TRENNEN

Das beste Übergewicht, das du verlieren kannst, ist das Gewicht der Meinung anderer Leute. Was andere über dich sagen, ist nur eine Reflexion derer selbst. Jedoch wie du auf sie reagierst, ist deine Verantwortung. Erfahre in diesem Kapitel, wie wir uns durch Selbstsabotage (Interferenzen wie etwa limitierende Glaubenssätze) oft unbewusst blockieren. Mit dem richtigen Zustandsmanagement bleibt man auch unter Stress gelassen. Dadurch erfahren wir mehr Klarheit und können Grenzen ziehen, wo es nötig ist.

Die Wahrheit ist: Was auch immer um uns herum passiert, wir sollten es nicht persönlich nehmen. Wenn dich jemand (ohne dich zu kennen) auf der Straße sieht und dich anschreit: »Hey, du Idiot!«, dann geht es nicht um dich, sondern um die Person, die dich anbrüllt. Wenn du es persönlich nimmst, dann glaubst du vielleicht selbst, dass du dumm bist. Vielleicht denkst du dir dann: »Woher weiß er das? Ist er Hellseher oder kann jeder sehen, wie doof ich bin?« Du nimmst es nur persönlich, weil du mit dem übereinstimmst, was gesagt wurde. Sobald du zustimmst, nimmst du die Fremdprogrammierung als wahr an. Noch schlimmer: Sie verstärkt sogar noch deine bisherigen negativen Glaubenssätze.

Die Dinge persönlich zu nehmen, ist der maximale Ausdruck von Egoismus. Denn wir gehen in den Momenten, in denen wir das tun, davon aus, dass sich alles nur um uns dreht. Insbesondere als

Kinder in der heutigen westlichen Welt erlernen wir, dass wir stets im Fokus stehen, und weil wir alles persönlich nehmen, glauben wir auch, für alles verantwortlich zu sein. Du bist nicht das Zentrum der Welt, und genau hier müssen wir die Grenze ziehen: Verantwortung beginnt bei deinen Gedanken, Gefühlen und deinen Taten, doch sie endet auch dort. Was andere sagen, fühlen und tun, liegt nicht in deiner Macht, du kannst es nicht kontrollieren und trägst auch nicht die Verantwortung dafür. Im Gegenteil: Versucht man die Verantwortung für die Gefühle anderer Menschen zu übernehmen, so spricht man ihnen gleichzeitig die Fähigkeit ab, sich selbst aus ihrer Programmierung befreien zu können. So wird man womöglich sogar zum Verstärker ihres Käfigs, anstatt sie als stilles Vorbild bei ihrer Selbstbefreiung zu unterstützen.

DER VERGLEICH IST DIE WURZEL ALLEN ÜBELS

Mache dir bewusst: Nichts – rein gar nichts –, was andere Menschen tun, ist deinetwegen. Selbst wenn du dir das gerne so wünschen würdest. Es liegt bei ihnen selbst. Was immer andere Menschen fühlen, denken oder sagen, nimm es niemals persönlich. Wenn sie sagen, wie wunderbar du bist, dann tun sie das nicht deinetwegen. Du weißt doch längst, dass du wunderbar bist. Somit ist es nicht nötig, auf andere Menschen angewiesen zu sein, die einem sagen, was der eigene Wert ist. Du weißt es bereits! Opfer von Gewalttaten, die psychische Heilung suchen, erfahren diese meist dann, wenn sie dem Täter vergeben. So absurd es im ersten Moment erscheinen mag: Wer anderen vergeben kann, der macht sich selbst frei von deren Kontrolle. Auch das ist eine Form der Erkenntnis, nichts persönlich zu nehmen.

Alle Menschen haben ihre eigene Realität, ihre eigene Wahrnehmung und sind in ihrem eigenen Traum gefangen. Wenn wir nun etwas persönlich nehmen, dann glauben wir, die anderen wüssten, wie es in unserer Welt ist. Oder wir versuchen, ihnen unsere Welt aufzuzwingen. Das Problem wird durch die Tatsache verschärft, dass viele Menschen mit einem Vergleichsdenken aufgewachsen sind: zu Hause mit den Geschwistern, in der Schule mit anderen Kindern, im Sport gegen andere Läufer und am Arbeitsplatz gegen die Kollegen. Dieser ständige unbewusste Vergleich mit anderen führt zu einer Knappheitsmentalität. So fällt es vielen Menschen schwer, sich wirklich über die Erfolge anderer zu freuen. Denn sie sind es gewöhnt, in einem ständigen Konkurrenzkampf zu stehen. Überall, wo es einen Gewinner gibt, braucht es auch einen Verlierer; letztendlich ist es ein Nullsummenspiel.

Es ist wie mit einer Tarotkarte oder einem Horoskop. Manche Menschen nutzen diese Hinweise von außen, um wichtige Entscheidungen im eigenen Leben zu treffen. Ich möchte diese Praktiken nicht verurteilen, selbst wenn der wissenschaftliche Wert dieser Methoden relativ schwer belegbar ist. Was jedoch jeder für sich positiv aus solch »äußeren Hinweisen« mitnehmen kann, ist die Interpretation, die dadurch im Inneren ausgelöst wird. Dies hat natürlich insbesondere dann auch einen positiven Wert, wenn wir uns dessen bewusst sind, dass nicht die Tarotkarte oder das Horoskop etwas über unser Leben aussagen, sondern dass wir durch das Beobachten unserer inneren Reaktion auf diese äußeren Hinweise etwas über uns selbst lernen können.

Unsere Programmierung bestimmt auch die Vorannahmen, mit denen wir durchs Leben gehen. Diese Vorannahmen sind es, die unsere selektive Wahrnehmung unbewusst steuern. Nicht nur andere Passanten, die uns auf der Straße entgegenkommen, urteilen über uns. Es funktioniert auch andersherum. Das passiert beispielsweise, wenn uns auf der Straße ein fremder Mensch begegnet, der vielleicht eine andere Hautfarbe hat oder im Rollstuhl sitzt. Womöglich humpelt er auch nur ein bisschen oder ist einfach nur ein »zwielichtiger« Charakter. Plötzlich – noch bevor wir rational darüber nachdenken können – bekommen wir in der Magengegend ein beklemmendes Gefühl. Ganz intuitiv wissen wir, dass da etwas »nicht stimmt«. Ist es dir so oder ähnlich schon mal ergangen? Jetzt frage ich dich: Wie kann das sein, dass du bereits ein Gefühl für einen Menschen hast, den du noch gar nicht kennst?

DIE TAROTKARTE AUF DER STIRN

Auch diese Bewertung hat nichts mit der fremden Person zu tun. Es ist nur eine Aussage über unsere innere Assoziation, welche von der Person in uns ausgelöst wird. So kann auch eine Tarotkarte oder ein Horoskop eine innere Assoziation in uns auslösen. Manche Menschen verteidigen aber lieber ihre Vorannahmen, anstatt sich von der Realität eines Besseren überzeugen zu lassen. Es ist fast so, als hätten alle Menschen eine Tarotkarte auf der Stirn und wir würden sie so behandeln, als wären sie diese Karte.

Ich erinnere mich noch gut daran, als ich mich einmal mit einer Bekannten über einen meiner Freunde unterhielt. Sie fragte, welches Sternzeichen er denn habe. Ich sagte es ihr, und sie wirkte sehr überrascht. Scheinbar passte meine Beschreibung der Person nicht zu den Attributen, die sie mit dem Sternzeichen in Verbindung brachte. Als ich mit einem Augenzwinkern meinte, dass es vielleicht daran läge, dass das Konzept der Sternzeichen einfach nicht auf jeden zutreffen würde, antwortete sie standhaft: »Dann muss es wohl am Aszendenten liegen!«

Wir sollten uns stets bewusst sein, dass es sich bei inneren Assoziationen immer nur um eine Interpretation handelt, die auf unseren vergangenen Erfahrungen basiert, aber niemals um eine absolute »Wahrheit«, wer oder was die andere Person in Wirklichkeit ist. Anstatt Menschen auf der Basis unserer Vorannahmen zu behandeln, sollten wir uns erlauben, diese Tarotkarten abzulegen, die wir vermeintlich auf der Stirn anderer Menschen zu sehen glauben. Ansonsten erleben wir die Welt nur sehr selektiv und stülpen unsere Vorstellungen über andere Menschen. Wir behandeln andere dann wie die Tarotkarte, die wir ihnen unbewusst auf die

Stirn kleben, anstatt so mit ihnen umzugehen, wie es ihrem wirklichen Wesen entspricht.

Schreib auf:

In welchen Situationen wurde ich in der Vergangenheit von anderen Menschen irrtümlich eingeschätzt und bewertet?

_____

_____

_____

_____

Und in welchen Situationen habe ich in der Vergangenheit andere Menschen irrtümlich eingeschätzt und bewertet?

_____

_____

_____

_____

Es ist wie eine große Leinwand, die wir vor die andere Person stellen. Anstatt den Menschen dahinter wahrzunehmen, projizieren wir auf diese Leinwand alle unsere inneren Interpretationen und erzeugen so ein verzerrtes, womöglich sogar völlig falsches Bild von dieser Person. Wir können dann gar nicht mehr durch dieses Bild hindurchsehen, weil es schon so dicht ist, dass es sich für uns real anfühlt. Richtig wäre es natürlich, diese Vor-Stellung (also das

Bild, das wir *vor* die andere Person stellen) wegzunehmen. Doch viel zu oft sind wir unachtsam und gehen davon aus zu wissen, was in anderen Menschen vorgeht. Wir glauben, dass alle so ticken wie wir selbst. Oder wir kennen manche Menschen schon länger und gehen deshalb davon aus, dass sie heute immer noch so sind wie damals. Obwohl sie sich vielleicht schon stark verändert haben, ignorieren wir diese neuen Aspekte und versuchen, über jene Teile von damals die Verbindung aufrechtzuerhalten. Bis wir eines Tages vom Gegenteil überrascht werden und völlig baff sind, wie sehr wir uns nur in diesem Menschen »täuschen« konnten. An diesem Punkt können sich jahrzehntelange Freundschaften im Sand verlaufen oder Jobs werden gekündigt.

DAS ENDE DER SELBSTTÄUSCHUNG

Die meisten von uns kennen dieses Gefühl, das häufig nach den ersten sechs bis zwölf Monaten einer Liebesbeziehung aufkommt. Wenn die Zeit der ersten Verliebtheit endet, fällt es uns plötzlich wie Schuppen von den Augen: All unsere Freunde, die uns schon seit Wochen gewarnt haben und nicht verstehen konnten, was wir an dem anderen gefunden haben, hatten recht. Eine Tragödie! Die rosarote Brille abzusetzen kann eine schmerzliche Erfahrung sein, und viele Menschen sind dann enttäuscht. Jedoch ist das im Grunde etwas durchweg Positives, denn Enttäuschung bedeutet ja nichts anderes, als dass die (Selbst-)Täuschung nun vorbei ist und wir den Menschen so sehen, wie er oder sie wirklich ist. Wer sich in einer Beziehung unsicher fühlt, wird sich wahrscheinlich nicht lange in ihr aufhalten. Es ist nicht die Aufgabe unseres Partners, dass wir uns sicher fühlen. Es ist unsere Aufgabe zu entscheiden, ob es eine sichere Beziehung für uns ist oder nicht. Wir haben die Idee, dass echte Liebe ewig dauern soll, aber die Liebe ist nicht so. Es ist eine frei fließende Energie, die kommt und geht, wann es ihr gefällt. Manchmal bleibt sie ein Leben lang; zu anderen Zeiten bleibt sie nur für eine Sekunde, einen Tag, einen Monat oder ein Jahr. Fürchte also nicht die Liebe, wenn sie kommt, nur weil sie dich verletzlich macht. Doch wundere dich auch nicht, wenn sie geht. Sei einfach froh, die Gelegenheit gehabt zu haben, sie erleben zu dürfen. Wie viel leichter das Leben doch sein könnte, wenn wir gleich die Abkürzung wählen und es gar nicht erst so weit kommen lassen würden, dass wir eine Leinwand voll mit unseren Annahmen und Projektionen vor die anderen Menschen stellen würden! Es stimmt: Enttäuscht zu werden erfordert eine angemessene Planung.

Bei einer Tarotkarte fällt es uns natürlich leichter zu erkennen, dass nur unsere innere Interpretation der wahre Hinweis ist, die Karte selbst aber keine Bedeutung oder Macht über uns hat. Bei Personen jedoch fällt uns dies bedeutend schwerer. Warum ist das so? Es ist so, weil wir mit anderen Menschen Erfahrungen sammeln und diese uns (selbst wenn die Situation bereits vorüber ist) in Form von Geschichten, die wir uns selbst erzählen, weiterhin begleiten. So erzählen wir uns nicht nur selbst ständig, wer wir sind, was uns wichtig ist und wie wir zu sein haben. Sondern wir tun es auch mit anderen Menschen. Nur so kann es möglich sein, dass manche Ex-Ehepaare immer noch tief erfüllt von Hass und Missgunst sind, obwohl sie bereits seit Jahrzehnten geschieden sind. Selbst wenn die beiden Partner sich in der Zeit, die seit der damals unschönen Trennung vergangen ist, radikal verändert haben sollten, so sind doch die Geschichten, die sie sich innerlich über den anderen noch bis heute erzählen, gleich geblieben. Dies ist die Schattenseite der Verantwortung: Nur wer aktiv und bewusst bereit ist, alte Überzeugungen zu reflektieren und gegebenenfalls loszulassen, kann sich von diesen »Geistern der Vergangenheit« befreien. Denn wer nicht die Macht über seine Gedanken ausübt, über den üben diese Gedanken Macht aus. Manche Menschen werden seit Jahrzehnten von den negativen Geschichten kontrolliert, die sie sich selbst immer wieder erzählen. Obwohl sich ihre Lebenssituation schon längst verändert hat, halten sie sich weiterhin selbst davon ab, das Glück, das schon jetzt in ihrem Leben ist, zu empfangen.

So kann es zum Beispiel sein, dass es einen Kollegen in deiner Arbeit gibt, bei dem du jedes Mal, wenn er morgens das Büro betritt, ein schlechtes Gefühl bekommst. Bestimmt hast du einen »guten Grund« dafür (siehe auch Prinzip 2). Sicherlich ist irgendwann einmal irgendetwas vorgefallen, und seitdem verbindest du mit diesem Menschen ein negatives Gefühl. Selbst wenn es schon lange her ist oder der andere sogar komplett vergessen hat (oder niemals davon wusste), dass er dich verletzt hat. Bis heute bekommst du augenblicklich wieder dieses unangenehme Gefühl, wenn die Person in deiner Nähe ist.

Aber was tust du denn da in Wirklichkeit? Du gibst Verantwortung ab. Denn du erteilst einer anderen Person die Erlaubnis, deine Gefühle zu kontrollieren. Anstatt selbst Verantwortung zu übernehmen dafür, wie du dich fühlst, gibst du die Kontrolle ab, und nur so ermöglichst du dem anderen Menschen (oft sogar ohne dessen Wissen), deinen emotionalen Zustand beeinflussen zu können. Ich bin der Meinung, dass nur man selbst entscheiden können sollte, wie man sich fühlt. Niemand anderer sollte Kontrolle über unsere Gefühle oder Gedanken haben! Stattdessen aber geben viele Menschen unbewusst diese Verantwortung ab und werden dann zum Spielball ihrer äußeren Umstände. Natürlich hat das auch Vorteile: Wenn wir die Kontrolle abgeben, so sind automatisch auch andere schuld. Dann können wir uns wunderbar darüber beschweren, wie hart unser Leben war:»Wenn es einfacher gewesen wäre, dann könnte ich heute auch glücklicher sein. Leider geht das ja nicht, weil die anderen mir das und das angetan haben ...« So oder ähnlich haben wir alle schon Leute reden gehört. Sie erlauben sich selbst nicht, glücklich zu sein, indem sie anderen die Schuld zuweisen (und damit gleichzeitig die Kontrolle über ihre eigenen Gefühle abgeben). Unglück entsteht durch die Geschichte, die man sich über eine Situation erzählt – und nicht durch die Situation selbst.

Und wir stellen fest, dass sie uns dieselbe Geschichte immer wieder erzählen wollen. Warum? Weil sie sich diese Geschichte auch selbst immer wieder erzählen. Manchmal schon so lange, dass die Geschichte Teil ihrer Identität geworden ist. Das macht es für sie noch schwieriger, diese Geschichte loszulassen. Dann müssten sie nämlich die Rolle des Opfers verlassen und sich damit beschäftigen, wer sie stattdessen sein wollen. Das macht vielen Angst, da es sich ja um gänzlich ungewohntes Terrain handelt. So halten sie lieber an der altbekannten Geschichte fest, da sie da immerhin wissen, »woran sie sind«. Die Komfortzone lässt grüßen!

MAN KANN IMMER RECHT HABEN – ODER GLÜCKLICH SEIN

Wenn man diese Programmierung der Interpretation und Bewertung jedoch durchbricht, dann wird man immun gegen die Beeinflussung von außen. Ganz automatisch übernehmen wir Verantwortung für die eigenen Gedanken und Gefühle und nehmen nichts mehr persönlich. Denn nun wissen wir, dass alles, was andere Menschen tun oder sagen, nichts mit uns zu tun hat. Da wir die Dinge nicht mehr persönlich nehmen, fühlen wir uns auch nicht mehr angegriffen oder beleidigt. Wir müssen keine Kraft und Energie mehr aufwenden, um unsere Überzeugungen zu verteidigen. Das schafft sowieso meist nur neue Dramen. Stattdessen ist uns bewusst, dass diese Aussagen nur ein Spiegel für die Menschen sind, die sie machen. Man kann sogar innerlich darüber lachen, welche Assoziationen man in anderen auslöst, selbst wenn sie einen gar nicht kennen. Das kann in eine höhere Bewusstseinsebene führen, da nun weder die anderen für ihre Meinung verurteilt werden noch die eigenen Gefühle und das Selbstbild von ihrer Bewertung abhängen.

Wer recht behalten will, der muss den Standpunkt anderer unweigerlich als falsch darstellen. Es ist ein Spiel, in dem nur einer gewinnen kann. Doch das ist genauso schädlich, wie die innere Projektion über andere Menschen zu stülpen, anstatt sie für das anzunehmen, was sie wirklich sind. Gerade in der Partnerschaft kann dies tödlich für die Beziehung sein. Die Kosten dafür, dass du recht hast, sind, dass dein Partner falschliegen muss. Frage dich also, wenn du das nächste Mal versuchst, auf einem Punkt zu bestehen, ob du lieber recht haben oder eine glückliche Beziehung führen willst. Natürlich kann sich auch jemand über mich und meine Aussagen hier in diesem Buch beschweren. Wenn diese Person sich dann über mich ärgert, weiß ich aber schon, dass es nichts mit mir zu tun hat, sondern nur mit den Assoziationen, die diese Person innerlich erlebt. Ich bin lediglich die Ausrede dafür, dass die Person wütend wird, und sie ärgert sich, weil sie es mit der Angst zu tun bekommt. Wenn sie keine Angst hätte, würde sie auf keinen Fall wütend auf mich werden. Wenn sie keine Angst hätte, würde sie mich auf keinen Fall hassen. Wenn sie keine Angst hätte, würde sie auch nicht eifersüchtig oder traurig sein.

Ein Leben ohne Angst bedeutet gleichzeitig ein Leben in Liebe. Wenn kein Platz für negative Emotionen ist, bedeutet es automatisch, dass man sich immer gut fühlt. Wenn man sich in seinem Inneren gut fühlt, dann wird dies auch einen Effekt auf das Außen haben. Natürlich kann man durch negative Emotion auch etwas dazulernen. Die Frage bleibt aber: Wie lange soll es einem schlecht gehen, bevor man es sich wieder erlaubt, sich gut zu fühlen? Wahre Liebe bedeutet, den anderen so zu akzeptieren, wie er ist. Genauso ist es mit der Selbstliebe: Wer mit sich selbst komplett einverstanden ist, der liebt sich. Dann ist man im Frieden mit sich und somit auch im Frieden mit der Welt. Natürlich gibt es Dinge, die anders laufen könnten. Entweder nutzt man seine Energie, um sie zu verändern, oder man akzeptiert den Umstand, dass andere Menschen die Welt anders erleben wollen als man selbst, und ist auch damit einverstanden. Das ist keine Form der Passivität, sondern vielmehr eine Form des proaktiven Einverstandenseins.

ICH NEHME MICH NICHT MEHR PERSÖNLICH

Sogar die Meinung, die wir über uns selbst haben, ist nicht unbedingt wahr. Darum brauchen wir auch nicht die »Stimmen« (oder besser: Glaubenssätze) in unserem Kopf ernst zu nehmen. Sie sind meist nur ein Spiegel der Fremdprogrammierung, die wir in unserer Vergangenheit aufgeschnappt haben. Doch wir können uns bewusst von diesen Interferenzen befreien, wenn wir erkennen, dass ein Großteil unserer Gedanken gar nicht von uns selbst gekommen ist und somit auch nichts mit uns persönlich zu tun hat. Irgendwo ist die Grenze, an der wir erkennen können, dass wir die eigene Programmierung nicht mehr persönlich zu nehmen brauchen. Das mag im ersten Moment abstrakt klingen, und es ist eine Erfahrung, die in vielen spirituellen Lehren als Erleuchtung bezeichnet wird, wie zum Beispiel »Satori« im Zen-Buddhismus. Auch im westlichen Raum gibt es wundervolle Beispiele von Menschen, die sich von ihrer fiktiven Identität lösen und plötzlich über den zuvor noch selbst gesetzten Grenzen stehen.

Wir haben stets die Wahl. Dein Verstand kann ein hilfreiches Werkzeug sein, aber denke immer daran: Du bist nicht deine Gedanken. Du bist nicht dein Verstand. Du bist mehr als das! Spirituelle Bewusstheit bedeutet, dass man sich nicht mehr zu 100 Prozent mit den eigenen Gedanken identifiziert. In einem Moment gedankenloser Aufmerksamkeit (wie es Eckhart Tolle nennt) ist es uns möglich, dies bewusst zu erkennen. Ansonsten wären wir besessen von den eigenen Gedanken.[57]

Irgendwann entbrennt jedoch ein innerer Konflikt in uns zwischen all diesen widersprüchlichen Glaubenssätzen. Der österreichische Humanmediziner Ruediger Dahlke sagte: »Wir leben nicht entspannt im Hier und Jetzt, sondern völlig verspannt im Wenn und Aber.«[58] Das ist mitunter der Grund dafür, weshalb manche Menschen sich so schwer damit tun, Entscheidungen zu treffen. Sie wissen nicht wirklich, was sie wollen, da sie zwei in Konflikt stehende Glaubenssätze in ihrer Brust tragen. Sie stimmen nicht mit sich selbst überein, weil es Teile des Geistes gibt, die das eine wollen, und andere Teile, die genau das Gegenteil wollen. Denn der Verstand ist geteilt, so wie auch unser Körper geteilt ist. Genauso wie man sagen kann: »Ich, habe zwei Hände. Ich kann mit der einen meine andere Hand schütteln und somit die andere Hand fühlen«, kann der Verstand mit sich selbst sprechen. Ein Teil des Verstands spricht, und der andere Teil hört zu. Doch es ist ein großes Problem, wenn tausend Teile des Verstandes gleichzeitig sprechen. Das ist wie der Computervirus, über den ich bereits gesprochen habe. Dazu kommt noch, dass diese Programmierung ja auch nicht nur von einer Person stammt, sondern von vielen unterschiedlichen. Es können die Eltern und Großeltern gewesen sein, Autoritätspersonen in der Kindheit, aber auch Vorbilder, die man nie getroffen hat. Auch fiktive Charaktere und Popstars haben uns Ideale vermittelt, die sich tief in uns verwurzelt haben. Da draußen ist es wie auf einem riesigen Basar der Ideen, auf dem alle Standbetreiber laut um unsere Aufmerksamkeit buhlen. Je nachdem, welche Straße wir eingeschlagen haben, kommen wir immer noch intensiver mit der gleichen Idee in Kontakt und damit wird dieser Glaubenssatz bei uns gefestigt. Jeder Glaubenssatz für sich ist wie ein eigenes Lebewesen (oder ein eigener Code unserer Programmierung). Er hat seine eigene Identität und Stimme. Manchmal hört man vielleicht sogar die Stimme der Person im Kopf zu einem sprechen, die diesen Glaubenssatz ursprünglich programmiert hat. Etwa die des Großvaters, der einen mit einer Ohrfeige und mahnenden Worten dafür bestrafte, dass man die Jeans beim Spielen im Sandkasten zerschlissen hatte. Der Opa meinte es wahrscheinlich nicht böse, seine Absicht war positiv. Immerhin hatte er hautnah den Krieg miterlebt und gelernt, dass man gut auf seine Sachen aufpassen sollte. Nun versuchte er, diesen Glaubenssatz (vielleicht nicht auf die angenehmste Art und Weise, aber auf die für ihn beste Verhaltensweise, die ihm zu diesem Zeitpunkt zur Verfügung stand) weiterzugeben.

DER KONFLIKT IN UNS

Nicht alle Glaubenssätze, die programmiert wurden (oder besser gesagt: die man hat programmieren lassen, weil man es damals noch nicht besser wusste), haben dieselben Werte. So kann es zu Konflikten zwischen unseren widersprüchlichen Glaubenssätzen kommen. Zum Beispiel möchte eine Frau erfolgreich und eigenständig sein, aber gleichzeitig auch eine gute Mutter sein und für die Kinder genug Zeit haben. Dieser Wertekonflikt, der nicht immer mit der Realität vereinbar ist, führt sie in ein Gedankenmuster des tiefen Zweifels. Oder der junge, gut aussehende Mann, der sich nach Intimität sehnt, aber durch mediale Programmierung erlernt hat, dass er nur dann Bestätigung von seinen männlichen Freunden erhält, wenn er möglichst viele Frauen verführt. Immer dann, wenn der Punkt gekommen ist, wo er sich auf eine einzelne Person einlassen könnte, sabotiert er sich selbst und beendet die immer intimer werdende Partnerschaft, um der anderen Erwartung gerecht zu werden und ein erfolgreicher »Womanizer« sein zu können.

Ein weiterer Nutzen davon, dass man nichts persönlich nimmt, ist, dass man mit alten Gewohnheiten und unerwünschten Verhaltensmustern brechen kann, die einen in der alten, fremdbestimmten Programmierung gefangen halten. Zum Thema Fremdbestimmung möchte ich eine weitere Geschichte aus meinem Leben mit dir teilen, die mir gezeigt hat, dass man in Wirklichkeit nie komplett davor geschützt ist. Während der Schulzeit hatte ich die Möglichkeit, einen psychologischen Eignungstest zu machen. Mit meiner Klasse war ich beim Wirtschaftsforschungsinstitut in Wien (WIFI), und wir haben einen bekannten Karriere-Eignungstest absolviert. Wir waren zu der Zeit alle circa 16, 17 Jahre alt. Mein

Eignungstest hatte das Ergebnis, dass ich angeblich für zwei Jobs prädestiniert war. Die Empfehlung lautete entweder Militär und Polizei oder TV-Moderator. Ich bin zuerst zum Militär gegangen, und zum größten Teil war es genau so, wie ich es erwartet hatte – sich immer wiederholende Abläufe, die möglichst schnell zu Routinen führen sollten. Ich wollte eigentlich immer eigenverantwortlich und selbstbestimmt leben und arbeiten, und so wurde mir bald klar, dass ich hier so schnell wie möglich wegmusste. Hier wurde ich nämlich derart manipuliert, dass ich schon nach wenigen Wochen mitten in der Nacht aufgewacht bin und bemerkt habe, wie ich in Habachtstellung im Bett lag. Es gab Nächte, in denen wir mitten in der Nacht durch einen Alarm geweckt wurden und, so schnell es uns möglich war, unseren gesamten Spind packen mussten. Alles musste in nur einem Rucksack nach einem ganz speziellen Packsystem verstaut werden.

Das ist so weit gegangen, dass wir mitten in der Nacht aufgewacht sind und uns nur eingebildet haben, dass gerade der Alarm geläutet hat. Sodass einfach manche anfingen, mitten in der Nacht und im dunklen Zimmer ihren Spind zu packen. Natürlich sind andere dadurch aufgewacht und, weil schon der Kamerad dabei war, seinen Kampfanzug anzuziehen, haben sie auch damit begonnen. Sie dachten, sie selbst hätten den Alarm verschlafen. So ist es durchaus öfters passiert, dass nach wenigen Minuten das gesamte Zimmer auf dem Hauptplatz stand, mitten in der Nacht bei Mondschein und voller Stolz, dass sie die Ersten auf dem Platz waren, die fertig gepackt hatten. Jedoch mit jeder Minute, die verstrich, wurde die Sorge größer, dass der Alarm gar nicht echt gewesen war. Als dann auch nach zehn Minuten noch immer in allen anderen Zimmern kein Licht anging und keiner der Offiziere und Ausbilder bereitstand, um uns zu kontrollieren, war klar: Wir hatten völlig umsonst gepackt. Das Schlimmste folgte aber noch! Nun mussten wir nämlich wieder hoch und alles einräumen, da am nächsten Morgen die Spindkontrolle anstand.

Zugegeben, vor dieser Manipulation konnte ich damals nicht entfliehen. Doch diese Situation hat mir das erste Mal richtig bewusst gemacht, wie schnell sich Menschen, vor allem in Gruppen, beeinflussen lassen und Dinge machen, ohne sie zu hinterfragen. Die Richtung, die unser Leben nimmt, ist ganz allein unsere Wahl. Unabhängig von Herkunft, Geschlecht oder Alter können wir selbst darüber entscheiden, wohin das Leben führen soll.

Wenn man es sich zur Gewohnheit macht, nichts persönlich zu nehmen, braucht man sich auch nicht mehr auf das zu verlassen, was andere tun oder sagen. Man muss nur noch sich selbst vertrauen, um verantwortungsvolle Entscheidungen zu treffen. Wir sind nicht mehr für die Handlungen anderer verantwortlich; wir sind nur noch für uns selbst verantwortlich. Wenn man dies wirklich im Innersten verstanden hat und somit beginnt, Dinge nicht mehr persönlich zu nehmen, dann kann man auch nicht mehr durch die leichtsinnigen Kommentare oder Handlungen anderer verletzt werden.

Wer diesem Prinzip folgt, kann mit völlig offenem Herzen um die Welt reisen, und niemand kann einen mehr verletzen. Man kann dann mit voller Inbrunst sagen: »Ich liebe dich.« Du wirst nie wieder Angst haben müssen, dass du dafür verspottet oder abgelehnt wirst, denn du kannst andere um das bitten, was du brauchst. Sie können »Ja« oder »Nein« sagen, wie immer sie sich auch entscheiden mögen, aber du wirst ihnen keine Schuldgefühle machen oder dich selbst verurteilen. Du wirst ohne Enttäuschung oder Wut sein, wenn andere deinen Wünschen nicht nachkommen.

Menschen fabrizieren Wut auch ohne realen Grund. Erst wenn man nichts persönlich nimmt, kann man sich wahrhaftig dafür entscheiden, immer dem Herzen zu folgen. Dann kann man mitten in der Hölle sein – eingesperrt und vermeintlich bis zum Lebensende in einer kalten Zelle, so wie Mahatma Gandhi – und dennoch inneren Frieden und Glück erfahren. Man kann in seinem Zustand der Glückseligkeit bleiben, und das Außen wird einen überhaupt nicht mehr beeinträchtigen.

> »Manchmal bekommt man nicht das, was man möchte, weil man etwas Besseres verdient hat.«
>
> Unbekannt

Wenn man wahrhaft versteht, wie oft Menschen ihre inneren Interpretationen auf andere projizieren, nimmt man absolut nichts mehr persönlich. Alles ist Interpretation. Wähle also die Interpretation, die der Person entspricht, zu der du werden möchtest. Viktor Frankl, der Begründer der Logotherapie und Existenzanalyse, sagte: »Die letzte der menschlichen Freiheiten besteht in der Wahl der Einstellung zu den Dingen.«[59] Verantwortung beginnt bei uns selbst. 100 Prozent Verantwortung zu übernehmen, ist nicht nur eine Entscheidung, sondern eine Lebenseinstellung. Sie mag anfangs herausfordernd sein, doch wird sie dir ermöglichen, ein wahrhaft freies Leben zu führen. Denn indem man seine Programmierung als das erkennt, was sie ist (nämlich nur eine Programmierung, die nicht für immer festgeschrieben ist), erhält man die Freiheit, sie zu verändern. Dazu gehört nicht nur die Ehrlichkeit zu sich selbst, um limitierende Glaubenssätze und Selbstsabotage zu entlarven, sondern auch die Fähigkeit, mit voller Überzeugung sowohl »Ja« als auch »Nein« sagen zu können – ohne Ausreden.

Um sich sicher zu sein, wo dann die Grenze zu ziehen ist, sollte man zuerst auch seine Werte kennen und wissen, was einem wirklich wichtig ist. Das setzt voraus, dass wir die Bewertung von der Beobachtung trennen können.

Anfang 2013, mit damals 25, bin ich zum ersten Mal auf Weltreise gegangen – und zwar ganz allein. Nach Ende meines Wirtschaftsstudiums kratzte ich alle Ersparnisse zusammen, die ich bis dahin in meiner Selbstständigkeit angesammelt hatte. Auf dieser mehrere Monate andauernden Reise nach Asien, Australien, Neuseeland, Amerika und Kanada machte ich einige meiner prägendsten Erfahrungen. Eine davon lehrte mich, was wirklich wichtig ist im Leben. Seit diesem Tag war ich nie mehr derselbe. Es war sogar noch einschneidender als die Konfrontation mit einem möglichen Leben im Rollstuhl, als ich sieben Jahre alt war, von der ich später in diesem Buch noch berichten werde.

DAS GEFÜHL DER MACHTLOSIGKEIT

Schon die ganze Zeit, während ich in Australien war, war ich immer wieder allein unterwegs in Nationalparks im Outback. Mit Zelt und Essen im Rucksack habe ich oft im Dschungel übernachtet und war ganz allein in der Natur. Das hat mir sehr viel Kraft gegeben. Je öfter ich das gemacht habe, umso sicherer fühlte ich mich dabei. Dann gab es einen Tag kurz vor Ende meines Aufenthaltes in Australien, relativ weit oben im Norden der Ostküste, an dem ich mich entschieden hatte, eine eintägige Wanderung in einem verwilderten Nationalpark zu machen. Es war eine besondere Herausforderung für mich, da ich wusste, dass dieser Nationalpark (zu dem damaligen Zeitpunkt) schon seit ein paar Jahren offiziell gesperrt war, da er durch einen starken Sturm verwüstet wurde.

Normalerweise muss man sich online anmelden, bevor man einen Nationalpark besucht, und damit wissen natürlich die Ranger, wie viele Menschen sich in welchem Park aufhalten. Auch wenn der Park offiziell nicht zugänglich war, kontrollierte niemand den Eingang, und ich hatte auch nur eine Tageswanderung geplant. Mit meinem kleinen Rucksack, einer Wasserflasche und zwei Proteinriegeln im Gepäck machte ich mich also – ohne dass jemand wusste, dass ich dort war – am späten Vormittag auf in diesen verwilderten Park, der circa zwei Stunden Autofahrt von der nächstgrößeren Stadt an der Küste entfernt lag.

Die Wege waren zu Beginn noch relativ gut erhalten und wie zu erwarten war ich ganz allein. Ich konnte aber erkennen, dass Pfade schon lange nicht mehr gepflegt worden waren und deshalb zum Teil recht unwegsam und mit viel Gestrüpp verwachsen waren. Die Natur holt sich sehr schnell zurück, was der Mensch an sich gerissen hat. Nach ein paar Stunden gab es teils zwei bis drei Meter große Geröllbrocken, die auf der Höhe eines mächtigen Wasserfalles von der Seite der Steilwände heruntergebrochen waren und nun den normalen »Weg« versperrten. Die Route ging eigentlich weiter nach rechts oben, doch da dieser Pfad komplett mit Geröll versperrt war und ich es nicht schaffte darüberzuklettern, musste ich wohl oder übel meinen Plan anpassen. Es gab noch einen zweiten Rundweg, der zwar ein bisschen länger dauerte, aber auch noch zeitlich im Rahmen der Tageswanderung lag. Auf jeden Fall war klar, dass ich das alles auf einmal absolvieren musste, weil ich nur ein bisschen Wasser und wenig Essen bei mir hatte.

So wählte ich den anderen Weg, der immer tiefer hinein in den verwilderten Park und auf eine Anhöhe führte. Ich folgte dem Pfad, der fast nicht mehr zu erkennen war. Eine Beschilderung gab es längst nicht mehr oder sie war schon zu zugewachsen, dass ich sie nicht mehr erkennen konnte. Der Dschungel wurde immer dichter und dichter und der Trampelpfad am Boden immer schlechter zu erkennen. Irgendwie war ich so in Schwung gekommen, dass ich mit schnellem Schritt spazierte und mich einfach dem schönen Moment hingab, ganz für mich in der Natur zu sein. Plötzlich blieb ich ruckartig stehen, so als hätte mich der Blitz getroffen, weil ich bemerkte: »Oh nein, ich habe den Weg verloren!« Hinter mir, vor mir, rundherum, egal, wo ich suchte, ich konnte den Pfad nicht mehr erkennen. In dem Moment wurde mir auch schlagartig bewusst, dass ich schon länger in eine Richtung gegangen war in der Annahme, ich würde einem richtigen Wanderpfad folgen, obwohl das gar keiner war. Mir wurde bewusst: Ich hatte mich komplett verirrt und wusste nicht mehr, wo ich bin. Natürlich habe ich versucht, mich um 180 Grad zu drehen und wieder zurückzugehen, um den Weg wiederzufinden, den ich verloren hatte, aber es war aussichtslos. Der vermeintliche Trek, dem ich gefolgt war, hatte so viele Knicks und Biegungen gemacht, dass ich die ursprüngliche Route einfach nicht mehr wiedergefunden habe.

Das war das erste Mal in meinem Leben, dass ein Gefühl von Panik in mir aufkam, und Panik erlebt man völlig anders als Angst. Panik ist wie eine Welle, die kommt, dich mitreißt und dann wieder vergeht. Nur um dann, nach einer kurzen Phase der Ruhe, erneut über dich zu kommen. Das bedeutet: Ich bin mit der ersten Panikwelle recht überfordert gewesen. Ich wusste gar nicht recht, wie mir geschieht. Darum lief ich einfach schnell zurück in die Richtung, aus der ich vermutete, gekommen zu sein. Das Problem war nur, dass ich damit erst recht noch tiefer in den Dschungel hineingelaufen bin. Nach etwa fünf bis zehn Minuten, die sich aber wie eine Ewigkeit angefühlt haben, bin ich erst wieder ein bisschen klarer im Kopf geworden. Ich blieb stehen und machte mir bewusst, dass ich wirklich komplett verloren war. Natürlich war die erste logische Idee der Griff zum Telefon. Jedoch war der Dschungel so dicht, dass es keinen Empfang gab. Es gab nicht einmal ein GPS-Signal! Ich war wirklich komplett von der Außenwelt abgeschnitten, in einem Nationalpark, der schon seit Jahren gesperrt war, und niemand wusste, dass ich dort war. Dann kam die Panik wieder. Die nächste Welle kam über mich, und ich hatte den starken Drang, wenigstens *irgendetwas* zu unternehmen. So bin ich wieder losgelaufen. Wieder in eine Richtung, von der ich dachte, es wäre die richtige, und wieder hatte ich mich nur tiefer in den Dschungel hineinmanövriert. Als die zweite Panikwelle vorüberging, blieb ich stehen und bemerkte, dass mein Verhalten in dieser Situation überhaupt nicht hilfreich war. Ich begann, laut zu mir selbst zu sprechen, um mich selbst zu beruhigen: »Ben, du hast dich verlaufen. Es ist so. Du kannst jetzt erst einmal nichts daran ändern. Herumrennen bringt dir nichts. Das macht es nur schlimmer. Atme erst einmal tief durch. Beruhig dich! Du hast dich selbst hier reingebracht, du kannst dich selbst auch wieder rausbringen.«

Ich habe diese Sätze immer wieder wiederholt, laut, um sie selbst zu hören, zu meiner eigenen Beruhigung: »Denk nach! Du hast dich selbst hier reingebracht, du kannst dich selbst hier wieder rausbringen.« Was war der letzte Moment gewesen, in dem ich noch ganz sicher gewesen war, dass ich auf dem richtigen Weg war? Der letzte markante Punkt war der Wasserfall. Der Wasserfall, an dem ich ursprünglich wegen der Gesteinsbrocken von meinem geplanten Weg abgewichen war. In diesem Moment habe ich die Entscheidung getroffen, den Weg zurück zum Wasserfall zu suchen. Ich hielt die Luft an und konzentrierte mich. Man hätte den Wasserfall sicherlich hören können, wäre der Dschungel nicht so dicht gewesen. Mir kam eine Idee. Ich hatte einmal eine TV-Serie gesehen mit Bear Grylls, einem Survival-Experten und ehemaligem Soldat der britischen Special Forces. In irgendeiner Episode hatte er einmal gesagt: »Flüsse sind die Autobahn des Dschungels.« Und just in diesem Moment habe ich mich daran wieder erinnert. Flüsse sind eine Art Weg – und woher kommt der Fluss? Natürlich vom Wasserfall! Das war meine Hoffnung. Das war nun mein Plan: Ich machte mich auf den Weg hinunter von der Anhöhe, immer weiter nach unten. Ich wollte einfach mitten durch engstes Dickicht hinab Richtung Tal zu einem Fluss, von dem ich gar nicht wusste, ob er da ist, in der Hoffnung, dass er mich zurück zum Wasserfall führte, ohne zu wissen, ob das wirklich stimmte. Es war zum Haareraufen!

Der Abstieg gestaltete sich äußerst gefährlich, da er so steil war, dass ich an vielen Stellen nicht mehr gehen konnte, sondern einfach hinabgeschlittert bin. Ich konnte mich nur schwer festhalten und bin immer wieder abgerutscht. Um mich herum waren überall spitze Äste und Felsen, die aus dem teilweise sehr dicht bewachsenen Boden hochragten. Manchmal verfingen sich meine Gliedmaßen in Gewächsen, und Lianen und hielten mich zurück. Während meines nicht sehr eleganten Weges nach unten überschlug ich mich mehrfach und wurde von einer dritten Panikwelle überrascht. »Was, wenn ich mich hier verletzte?«, fragte ich mich. »Was, wenn ich mir den Fuß breche oder den Arm? Niemand weiß, dass ich hier bin. Dann habe ich wirklich ein Problem!«

Ich habe wieder, so gut es ging, an einer etwas flacheren Stelle gestoppt und mir selbst laut zugesprochen. Schließlich hörte ich wirklich – zuerst dachte ich mir, ich bilde es mir nur ein – Wasserrauschen in der Ferne unter mir. Zum ersten Mal hatte ich das Gefühl von Euphorie und Hoffnung, ohne den Beigeschmack der Angst. Automatisch wurde ich ruhiger und vorsichtiger. Schließlich kam ich bei einem kleinen Fluss an. Zu meinem Glück war der Fluss nicht sehr tief, denn ich hatte keine andere Wahl: Ich musste hinein ins Wasser. Die Äste der Bäume ragten teils weit über den Rand des Flusses hervor. So bin ich, mutterseelenalleine im australischen Outback, in einen Fluss gestiegen, von dem ich nicht wusste, was darin auf mich wartet. Das war meine einzige Hoffnung.

Ich folgte dem Fluss stromaufwärts und wurde mit jeder Minute wieder panischer. Doch ich musste an meinem Plan festhalten. Es gab kein Zurück mehr. Das war meine einzige Chance. Ich hatte keinen Empfang, kein GPS-Signal, nichts mehr zu essen oder zu trinken und niemand wusste, dass ich überhaupt hier war. In diesem Moment war ich – zu meiner Überraschung – gedanklich völlig klar. Mit dieser Erkenntnis hörte die Panik auf. Ich wusste, dass es jetzt zu spät für Panik war. Es gab nur noch zwei Möglichkeiten: Entweder der Weg ist richtig und ich finde zurück, oder der Weg ist falsch und ich gehe den ganzen Weg wieder flussabwärts in Ungewissheit, wohin er mich führt. Ich wusste in diesem Moment nicht, ob ich jemals wieder aus diesem Dschungel herauskomme. In diesem Moment, in dem ich sehr bewusst ganz direkt mit einer unmittelbaren, realen Todesangst konfrontiert war, habe ich eine weitere Entscheidung getroffen.

Ich dachte mir, auch wenn ich mein Telefon nicht benutzen konnte, um jemanden anzurufen, so könnte ich doch zumindest eine Nachricht hinterlassen, sollte mein Körper überhaupt gefunden werden. Ich beschloss, eine Botschaft für meine Familie aufzunehmen. Nur für den Fall, dass ich sterbe.

Aus heutiger Sicht bereue ich es, dass ich die Nachricht löschte, nachdem ich wieder in Sicherheit war. In diesem Moment der Erleichterung kam nämlich auch ein Gefühl der Peinlichkeit, der Scham über mich, dass ich so unvorsichtig und naiv gewesen war. So schlimm die Stunden der Panik im Dschungel auch für mich gewesen waren: Gleichzeitig möchte ich diese Erfahrung nicht mehr missen. Es war für mich eine unglaublich wichtige Erkenntnis, die mich sehr klar hat sehen lassen, was wirklich wichtig ist. Seit diesem Tag lebe ich mein Leben anders als in den Jahren davor.

Dieses einschneidende Erlebnis hatte einen starken Einfluss auf mich und auf die Entscheidungen, die ich danach getroffen habe. Aus heutiger Sicht muss ich sagen, es hat mich unglaublich positiv vorangebracht. So hart es klingt, aber wenn ich könnte, würde ich jedem Menschen, der nach persönlicher Freiheit und besserem Selbstmanagement strebt, diese Erfahrung wünschen: nämlich genau diese Panik, mit dem eigenen Tod konfrontiert zu sein. Oder zumindest dem Glauben ausgesetzt zu sein, dass man in den nächsten Stunden real sterben könnte, und zwar nicht durch von außen gegebenen Umständen, die außerhalb der eigenen Kontrolle sind, sondern komplett in Abhängigkeit von den eigenen Entscheidungen.

Genau deswegen möchte ich jeden dazu einladen, es mir gleich-zutun. Du bist vielleicht gerade in diesem Moment nicht in einer bedrohlichen Situation und sehr wahrscheinlich auch nicht im australischen Outback. Auch wenn du in diesem Moment nicht in der exakt gleichen Situation bist, so hat es doch die gleiche Bedeu-tung! Denn es könnte wirklich jeden Tag, jeden Moment zu Ende sein. Einfach nur ein Autounfall oder ein gesundheitliches Lei-den, das bisher nicht entdeckt wurde; und schon ist es vorbei. Es passiert jeden Tag Tausenden von Menschen. Man weiß nicht, wann es passieren wird. Darum möchte ich dich nun bitten, dass du dir kurz vorstellst, wie das vielleicht für dich wäre, wenn du ein ähnliches Erlebnis hättest, so wie ich es dir gerade berichtet habe:

Du bist unterwegs im Dschungel, ganz allein und einsam. Nie-mand weiß, dass du dort bist, und du weißt nicht, ob du jemals wieder aus diesem Dschungel nach Hause zurückkehren wirst, zurück zu deiner Familie, deinen Liebsten, deinen Kollegen, dei-nen Mitarbeitern und zurück in deinen normalen Alltag. Du hast jetzt die Möglichkeit, eine Videobotschaft oder eine Sprachnach-richt aufzunehmen oder einfach nur einen Brief zu schreiben. Leider habe ich mein Video gelöscht. Mach du nicht auch diesen Fehler.

Aus heutiger Sicht hätte ich es am liebsten behalten und ver-schickt! Darum nimm dir nun ein paar Minuten und sag deinen Liebsten, deinen Fans oder deinem Team (wer auch immer für dich wichtig ist), was du ihnen sagen willst. Tue es im Wissen, dass du den heutigen Tag vielleicht nicht überlebst! Wenn du mutig bist – mutiger, als ich es damals war –, dann speichere dieses Video oder diese Nachricht ab. Vielleicht teilst du sie sogar mit den Menschen, für die sie bestimmt ist. Auch wenn du es nicht abschicken willst, nimm deine Botschaft trotzdem auf. Denn dadurch befreist du dich von deiner Angst. Danach wird alles leichter!

Jetzt ist deine Chance, das zu tun, woran viele nicht denken: Mach dir bewusst, was und wer am wichtigsten in deinem Leben ist:

Was möchte ich den Menschen sagen, die mir am wichtigsten sind?

_____

_____

_____

_____

Das Schlimmste für mich war in diesem Moment das Gefühl der Machtlosigkeit. Das Gefühl der Machtlosigkeit hätte mich auch fast umgebracht, denn es führte zur Panik. Die Gefahr war real, aber noch keine direkte Bedrohung; erst in meinem Kopf wurde sie dazu. Man darf Dinge, die nicht wirklich gefährlich sind, nicht so behandeln, als wären sie tatsächlich eine Bedrohung. Sonst reagiert man über, weil man glaubt, das eigene Leben würde wirklich auf dem Spiel stehen. Schlussendlich waren das nur Gefühle. Ich besiegte die Panik, indem ich wieder die Verantwortung für meine Gedanken übernahm. So konnte ich auch den Weg zurückfinden. Manchmal muss man aufhören, sich auf seine negativen Gefühle zu fokussieren, und einfach anfangen zu handeln. Das war genau der Moment, bevor ich das Video eingesprochen habe. Was kann man ganz konkret bei einer Panikattacke oder in einer Katastrophensituation tun? Mir haben diese sechs Punkte geholfen:

1. Akzeptiere die Situation als gegeben und hör auf, dich ihr zu widersetzen.
2. Konzentriere dich auf deine Atmung.
3. Nimm die Angst an. Sie ist jetzt gerade ein Teil von dir.
4. Fokussiere deine Gedanken: Was ist dein nächstes, unmittelbares Ziel?
5. Widerstehe dem Drang aufzugeben. Gleichgültigkeit bedeutet Niederlage.
6. Erlaube dir, neues Wissen und Fähigkeiten anzunehmen, um noch besser zu werden.

Nach meinem Australienaufenthalt und dem Erlebnis in dem verwilderten Nationalpark im Outback habe ich zu Hause ein Bild von einer Brücke im Dschungel aufgehängt. Dieses Foto habe ich selbst in Australien geschossen. Die Brücke ist für mich ein Symbol und eine Erinnerung, dass es immer eine Lösung gibt, auch wenn ich sie gerade noch nicht kenne. Vertrau auf deinen Weg, auch wenn es schwierig ist!

WIR VERSTÄRKEN, WORAUF WIR UNSEREN FOKUS RICHTEN

So viele Menschen leben heute in einem negativen Fokus. Das ist ein sehr ernstes Thema, denn es spiegelt sich auch in der Selbstmordrate wider. Je älter wir werden, umso größer ist die Wahrscheinlichkeit, dass Menschen Selbstmord begehen.[60] Verrückt, oder? Und jeder von uns begegnet ständig Menschen, die betroffen sind – es ist uns nicht einmal bewusst. Geht man auf einer belebten Einkaufsstraße entlang, dann begegnet man statistisch gesehen alle zehn Minuten einer Person, die bereits versucht hat, sich das Leben zu nehmen.[61] Emotionen steuern bei vielen Menschen ihr Verhalten. Doch anstatt uns den Gefühlen und Reiz-Reaktions-Mustern blind auszuliefern, haben wir durchaus die Chance, selbst zu entscheiden, wie wir uns verhalten.

Alfred Adler sagte: »Keine Erfahrung ist für sich genommen der Grund für Erfolg oder Scheitern. Wir leiden nicht unter dem Trauma unserer Erfahrungen, sondern machen daraus, was immer am besten zu unseren Absichten passt.«[62] Wir sind unserer Vergangenheit nicht ausgeliefert (wie es der Determinismus postuliert), denn die Art, wie wir sie nutzen, um unsere Ziele zu erreichen, ist selbstbestimmt. Dies ist auch der Grundsatz der Teleologie, die vom griechischen Philosophen Aristoteles geprägt wurde: Alles ist eine Entscheidung! Menschen entscheiden sich immer dafür, sich nicht zu ändern, selbst wenn sie anderes behaupten. Die Teleologie (frei übersetzt aus dem Altgriechischen) ist die Lehre des Zweckes. Sie beschreibt, dass Handlungen oder überhaupt Entwicklungsprozesse durchgängig zielorientiert ablaufen.[63] Die Individualpsychologie nach Alfred Adler und Rudolf Dreikurs (ein österreichisch-amerikanischer Psychiater, Pädagoge und Psychologe) geht davon aus, dass der tiefenpsychologische Grundantrieb des Menschen teleologisch ist. Adler nennt die grundlegende Finalität eines Menschen den »Lebensstil«.[64] Auch die Analytische Psychologie nach Carl Gustav Jung vertritt diesen Ansatz einer finalen Methodik aus einem nicht nur kausal-mechanistischen, sondern auch aus einem psychoenergetischen Standpunkt heraus.[65]

Dieser Ansatz findet sich auch im NLP wieder, insbesondere wenn es um das persönliche Zustandsmanagement geht. Damit ist man auch unter Stress gelassen, erfährt mehr Klarheit und kann Grenzen ziehen, wo es nötig ist. Denn selbst wenn man beispielsweise in einer Situation wütend wird, ohne sich in dem Moment helfen zu können, trägt man dennoch die Verantwortung für das eigene Verhalten! Ansonsten wäre jede Straftat, die im Affekt begangen wird, automatisch nicht zu bestrafen, weil die Person »nichts dagegen tun konnte«. Zustandsmanagement bedeutet, jederzeit selbst beeinflussen zu können, wie man handelt, und infolgedessen auch, was man fühlt.

Trotzdem ist das Übernehmen von Verantwortung oftmals mit negativen Assoziationen verbunden. Doch in Wahrheit ist Eigenverantwortung keine Qual, sondern vielmehr eine Chance. Eine Möglichkeit, die du nutzen solltest, um ein selbstbestimmtes Leben nach deinen Vorstellungen und deinem persönlichen Standard zu führen. Denn wer außer dir kann wissen, was du *wirklich* willst und was *wirklich* zu dir passt? Das Gute daran ist: Es ist nie zu spät, mit einem selbstbestimmten Leben zu starten und die fünf Prinzipien zu deinem Lebenscredo zu erheben.

Viele Menschen denken jedoch: »Verantwortung übernehmen – nein, danke! Sich frei entfalten können – ja, bitte!« Das eigene Ding machen zu können ohne Angst vor Konsequenzen und Kritik von außen, wäre das nicht ein Traum? Verantwortung und Freiheit sind jedoch enger miteinander verbunden, als du vielleicht glaubst.

DIE ANGST VOR VERANTWORTUNG

Jeder von uns strebt in einem gewissen Ausmaß nach persönlicher Freiheit im Leben. Gleichzeitig drücken wir uns immer wieder davor, bewusst Verantwortung zu übernehmen. Nur die wenigsten denken darüber nach, dass genau diese Eigenverantwortung der Schlüssel zu mehr Freiheit sein kann. Die Angst vor Verantwortung findet ihren Ursprung nicht selten in der Angst vor dem Versagen. Es ist ein mangelndes Vertrauen in uns selbst, in unsere eigenen Fähigkeiten, das uns in vielen Situationen davon abhält, Verantwortung zu übernehmen. Mit Sicherheit möchtest auch du einen verantwortungsvollen Job haben, und gleichzeitig möchtest du wahrscheinlich auch einer Tätigkeit nachgehen, in der du dich frei entfalten kannst.

- Doch bist du auch dazu bereit, die Konsequenzen für dein Handeln zu übernehmen?
- Bist du dazu bereit, folgenschwere Entscheidungen selbst zu treffen?
- Oder gehst du in diesen Situationen lieber auf Tauchstation und lässt andere an deiner Stelle handeln?

Es sind nämlich genau diese Situationen, die es notwendig machen, einen Schritt aus der Gewohnheitszone zu wagen. Wenn man es schafft, in diesen Momenten stark zu bleiben und über sich hinauszuwachsen, hat man es selber in der Hand, die Zukunft zu bestimmen. Und mit jeder neuen Entscheidung, die man trifft, fällt es einem leichter, bewusst Verantwortung zu übernehmen. Wenn etwa zu Zeiten der NSDAP Hitler bei öffentlichen Veranstaltungen erschien, so war man rechtlich gezwungen, den Gruß zu machen. Aber es gibt ein sehr berühmtes Foto, auf dem ein Mann zu sehen ist, der ihn verweigert hat.

Quelle: Verweigerung des Hitlergrußes 1936

Er wurde dafür bestraft weil er sich entschieden hatte, selbst zu denken, zu einer Zeit, als er das nicht durfte. Heute aber gibt es keine Gesetze, die uns davon abhalten. Keine Ausreden mehr!

Eines der prägendsten Erlebnisse in meinem Leben hatte seinen Beginn in meiner Kindheit. Es hat mit dem Urvertrauen in mich selbst zu tun, das in dieser Zeit zum Glück bereits sehr ausgeprägt war. Im Alter von sieben Jahren habe ich das erste Mal gemerkt, dass meine Hüfte geschmerzt hatte. Ich hatte eine Krankheit, die sich Morbus Perthes nennt. Ich selbst spürte nur die Symptome, die Schmerzen in meiner Hüfte, und meine liebevolle Mama, die auch alleinerziehende Mutter war, hat sich natürlich große Sorgen gemacht. Ich war noch zu jung, um zu begreifen, welche Konsequenzen das für mich haben könnte. Denn ich fragte meine Mutter: »Muss ich sterben?«

Dieser Satz lässt einen erahnen, welche Gefühle mich damals begleiteten; Angst, Sorge, doch vor allem: Ungewissheit. Es sind allesamt Gefühle, die förmlich dazu verleiten, ungünstige Gedanken zu haben und ungünstige Entscheidungen zu treffen. Ich selbst begriff die Tragweite zunächst nicht. Ich sollte vorerst – womöglich für immer – im Rollstuhl landen.

Die Geschichte hätte aus mir einen verbitterten Mann machen können, der vom Leben nichts hält. Dem man vielleicht in der Bahn begegnet wäre und der einen anpöbelt, damit man ihm Platz macht. Theoretisch wäre das möglich gewesen. Doch ich hatte die Stützpfeiler des bedingungslosen Optimismus in mir, nämlich die Stärke und das Vertrauen in etwas, das größer ist, als wir es selbst ermessen können. Nein, ich werde jetzt nicht religiös oder esoterisch. Es geht vielmehr in die Richtung, über die sich auch berühmte Philosophen Gedanken machten. Doch das soll jetzt nicht das Thema sein. Diese bedingungslose Kraft für grenzenlosen Optimismus war ein Mensch: meine Mutter. Ich möchte dir meine eigene Geschichte aus der Sicht meiner Mutter berichten lassen. Warum?

Sie schrieb ihre Gedanken auf. Du kannst in ihrem Bericht erkennen, wozu wir Menschen wirklich fähig sind. Ich könnte dir tausend Geschichten erzählen, die ähnlich verlaufen sind. Doch bleiben wir vorerst bei dem Beispiel, was aus mir hätte werden können, wenn meine Mutter und ich andere Entscheidungen getroffen hätten. Während du diesen Erfahrungsbericht meiner Mutter liest, stell dir selbst folgende Fragen:

1. Lies bitte zwischen den Zeilen. Welche Entscheidungen traf meine Mutter, um mir zu helfen?
2. Was hat sie konkret *getan*, um mir dabei zu helfen, die Situation positiv zu betrachten?
3. Was hat sie getan, *um sich selbst* dabei zu helfen, nicht völlig panisch zu werden?

Als Benedikt sieben Jahre alt war, fiel mir auf, dass er manchmal leicht hinkte, wenn ich ihn von der Schule abholte, und dass er nach dem Sport müde war. Eine orthopädische Untersuchung ergab die Diagnose: Morbus Perthes! Dabei handelt es sich um eine Durchblutungsstörung des Hüftkopfes, was – statistisch gesehen – bei Buben viermal häufiger als bei Mädchen vorkommt und nur einen Buben von tausend trifft. Die Ärzte erklärten mir, dass diese Erkrankung zur Zerstörung des Gelenkkopfes führen werde und in absehbarer Zeit mehrere Hüftoperationen notwendig sein würden. Vor allem dürfe das Kind ab sofort für einen Monat »nicht den Boden berühren« und müsse strikte Bettruhe halten.

Nach dieser niederschmetternden Diagnose sprach ich sofort mit der Lehrerin meines Sohnes, denn ein Fernbleiben von der Schule für so lange Zeit musste gut organisiert werden. Da Benedikts Hüfte zu allem Unglück beidseitig betroffen war und die Wachstumsfugen stark verbreitert waren, sprachen die Ärzte von einem eventuellen Krankheitsverlauf von mehreren Jahren. Schul- und Hausübungen wurden daheim erledigt und ein provisorischer Rollstuhl angefertigt.

Es war für alle Beteiligten eine anstrengende Zeit ohne unmittelbare Perspektive. Trotz der Versuche von mir und den Großeltern, stets optimistisch zu wirken, spürte Benedikt unsere Verzweiflung. Gott sei Dank konnte seine Frage

»Muss ich jetzt sterben?«, die er kurz nach der Diagnose gestellt hatte, mit einem vehementen Nein beantwortet werden, denn eine Gefahr für das Leben besteht bei dieser Krankheit nicht, aber sie ist langwierig und kann zu einer frühzeitigen Hüftarthrose führen. Dies wird im Kindesalter aufgrund des schnellen Wachstums im Normalfall nicht operiert und verursacht dauerhaft teils starke Schmerzen. Man muss es sich so vorstellen, als hätte man die ganze Zeit eine Entzündung in den Gelenken, die nicht weggeht.

Ich cremte beide Hüften täglich mit einer »Zaubersalbe« ein und hoffte dabei auf den viel zitierten Placeboeffekt. Ich wollte einfach nichts unversucht lassen! Nun ergab es sich eines Abends, dass ich in einem vertraulichen Telefongespräch über meine Sorgen und Ängste sprach. Plötzlich stand er vor mir und meinte: »Mama, mach dir keine Sorgen mehr, ab morgen bin ich wieder gesund!« Ich verfrachtete Benedikt sofort wieder ins Bett, redete ihm gut zu und bestärkte ihn in seinem Vorhaben. Ab nun waren nur mehr Zuversicht und Vertrauen in die Selbstheilungskräfte angesagt!

Daran konnte auch die Bemerkung einer Ärztin nichts ändern, als wir zu einem Kontrolltermin im Spital geladen waren. Sie meinte zu einer Kollegin: »Jetzt kommt der Perthes dran!« Ich reagierte auf diese demotivierende Aussage ziemlich brüsk mit den Worten: »Es ist noch gar nicht sicher, dass mein Sohn das hat!« Ob es nun an der Salbe oder tatsächlich am starken Willen meines Sohnes lag, wieder gesund zu werden, das werden wir wohl nie erfahren. Aber eines ist gewiss: Die Kontrolluntersuchung ergab bereits nach 14 Tagen, dass sich Benedikts Zustand völlig normalisiert hatte. Die Gelenkergüsse waren allesamt verschwunden und er durfte das Krankenhaus zu Fuß verlassen. Die Ärzte können sich bis zum heutigen Tag nicht erklären, wie die Symptome ohne Therapie verschwinden konnten.

Dies war der Bericht meiner Mutter. Vielleicht fragst du dich, an was ich mich noch selbst erinnere. Man hatte mir gesagt, um mich zu schonen, sollte ich mich möglichst nicht bewegen. Deswegen wurde mir Bettlägerigkeit verordnet, und ich musste ohne Bewegung flach liegen. In dieser Zeit haben die Ärzte gesagt, dass die Möglichkeit bestehe, dass ich nie wieder laufen können werde und dass ich mein Leben lang in einem Rollstuhl verbringen muss. Ich war komplett in Abhängigkeit von dieser einen Entscheidung, die völlig außerhalb meiner Kontrolle lag, denn letztendlich würden die Ärzte entscheiden, was passiert.

Ich weiß nicht, warum, aber in diesem entscheidenden Moment am Abend vor der Untersuchung habe ich irgendwie Hoffnung geschöpft. Ich habe tiefe Sicherheit in mir gespürt und bin – als ob ich in Trance wäre – einfach aufgestanden und aus meinem Bett hinaus auf den Gang spaziert. Ich weiß nicht genau, woher diese Zuversicht, dieses Urvertrauen in mir kam, aber ich habe es in dem Moment ganz tief in mir gespürt. Am nächsten Tag sind wir zur abschließenden Untersuchung ins Krankenhaus gefahren. Während ich im Rollstuhl zu den Ärzten geschoben wurde, gab es in meinem Kopf die ganze Zeit nur eine einzige Frage, die sich immer wiederholte: »Soll das ab jetzt mein Leben sein?«

Als meine Mutter von den Ärzten empfangen wurde, sagte eine von ihnen so lapidar dahin: »Ah ja, das ist der Junge mit dem Perthes.« Und meine Mutter (ich weiß das noch ganz genau) hat dann diese Person wirklich angefahren. Um mich zu verteidigen, zischte sie die Ärzte an: »Das ist noch gar nicht sicher!« Das fand ich großartig. Ihre kriegerische Energie hat mich zutiefst beeindruckt; denn es war ja noch gar nicht sicher und sollte sich erst entscheiden. Ich habe schon damals nicht verstanden, wie jemand sich schon so sicher darüber sein kann, was passieren wird, wenn es noch gar nicht sicher ist. Es ist wirklich verrückt, wie die Geschichte ausgegangen ist. Natürlich – wer mich heute kennt, der weiß es – sitze ich nicht im Rollstuhl. Es ist »gut gegangen«, könnte man heute sagen.

Das Verrückteste an der ganzen Geschichte ist: Es gab Röntgen-bilder, die belegt haben, dass diese Symptome einen beweisbaren Ursprung in meiner Hüfte hatten. Bei der abschließenden Unter-suchung jedoch war dieser Auslöser völlig verschwunden. Er war einfach »über Nacht« weg, und niemand konnte uns sagen, warum. Auch wenn ich es nicht verstehen konnte, so war ich natürlich sehr einverstanden damit. Mir wurde endlich erlaubt, aus dem Roll-stuhl aufzustehen. Am Anfang musste ich quasi das Laufen wieder neu erlernen. So wurde die selbsterfüllende Prophezeiung der Ärzte doch noch – wenn auch nur kurzfristig – wahr: Ich konnte (zumindest für eine gewisse Zeit) wirklich nicht mehr laufen.

Für mich war das ein ganz entscheidender Punkt in meinem Leben, weil ich zum ersten Mal am eigenen Leib erfahren hatte, wie viel Macht die Aussagen anderer Menschen über unser eige-nes Leben haben, nämlich immer nur so viel, wie wir diesen Aus-sagen auch an Macht geben. Es hat mir auch gezeigt, dass tief in mir mein Urvertrauen immer gewusst hat, dass alles gut ausgehen wird. Genau dieses Urvertrauen hast auch du. Es ist das Vertrauen von dir an deine innere Kraft. Ein Vertrauen tief im Inneren, das immer nur das Beste für dich will und dich in die richtige Rich-tung lenkt. Vertrau darauf!

Als Kinder fürchteten wir uns vor der Dunkelheit oder vor einem Monster unter dem Bett. Heute als Erwachsene haben wir Angst vor anderen Dingen: vor tiefem Wasser, großen Höhen oder schnellen Autos. Bis zu einem gewissen Grad sind diese Hemm-schwellen normal und gesund. Unser Instinkt schützt uns vor einer

Dummheit oder Gefahr. Doch bleiben bei manchen Menschen nicht nur die rationalen Ängste erhalten, sondern auch die irrationalen. Dann fürchtet man sich zwar nicht mehr vor dem Monster unter dem Bett, dafür aber vor Ablehnung, vor einer falschen Entscheidung oder ganz banal davor, einen Fehler zu begehen. Wir müssen erkennen, dass diese Befürchtungen unsere Handlungsalternativen einschränken und uns am Erfolg hindern. Die meisten Fehlentscheidungen lassen sich auf fehlende Informationen zurückführen. Aber all die falschen Entscheidungen werden ebenso wieder Teil unserer Heuristik, also unserer intuitiv ablaufenden Muster. Damit stehen die Chancen nicht schlecht, dass in einer ähnlichen Situation in der Zukunft die Entscheidung erneut schwerfällt. Um diesen Teufelskreis zu durchbrechen, müssen wir in Momenten der Entscheidungsunfreudigkeit zu viel Rationalität vermeiden. Stattdessen braucht es einen möglichst schnellen Beschluss. Denn es gibt nur einen einzigen Fehler, wenn es ums Entscheiden geht: sich gar nicht zu entscheiden!

DAS MONSTER-CHOICE-DILEMMA

In unserer heutigen Zeit der unbegrenzten Möglichkeiten verfolgen die meisten Menschen gleichzeitig mehrere Ziele. Diese Vielseitigkeit hat auch einen starken Einfluss auf das Entscheidungsverhalten. Die Angst entsteht deswegen, weil wir viele Ziele und gleichzeitig die (durchaus begründete) Angst haben, dass wir nicht alle davon erreichen können. Es ist die Angst, dass man scheitert, wenn man selbst nicht genau weiß, wo man eigentlich hinwill. Diese Angst hat jeder Mensch an einem bestimmten Punkt im Leben. Manche haben das ständig, weil sie darauf programmiert wurden. Je mehr Möglichkeiten wir haben, umso schneller sind wir überfordert. Ich nenne so einen Fall das »Monster-Choice-Dilemma«.

Wer beruflich (aber auch privat) erfolgreich sein will, für den ist es wichtig, persönliche Werte zu definieren, die einen bei Entscheidungen unterstützen. Möchte man zum Beispiel im Beruf seine persönliche Kreativität ausleben, aber der eigentliche Verdienst ist zweitrangig, dann muss man seine Entscheidungen nach dieser Prämisse ausrichten. So kann man es schaffen, im Leben authentisch zu bleiben und nicht mit dem Mainstream mitzuziehen. Das bedeutet aber auch, sich von dem weitverbreiteten Glaubenssatz, alles besitzen zu müssen, zu versabschieden: »Meine Familie, mein Haus, mein Auto, mein Hund ...« Dieser Anspruch, den wir in der Konsumgesellschaft auch auf Partnerschaft und andere soziale Kontakte ausweiten, ist eher kontraproduktiv. Heinz Schenk, ein deutscher Showmaster, Schauspieler und Sänger, formulierte es einmal so: »Es ist alles nur geliehen hier auf dieser schönen Welt.(...) Musst du eines Tages gehen, lässt du alles hier zurück.«[66]

Rudolf Meindl, ein deutscher individualpsychologischer Berater, sagte: »Auch Lieben will gelernt sein und erfordert viel Selbstbewusstsein. In diesem Zusammenhang sei auf die Wurzeln der Liebesfähigkeit aufmerksam gemacht, die im eigenen Elternhaus zu suchen sind.« Und er führte weiter aus, dass Liebe die bedingungslose Annahme des anderen sei und nur praktiziert werden könne, wenn einem diese innere Haltung in einer liebevollen Erziehung von verständnisvollen Eltern vorgelebt worden ist. [67]

Das Leben selbst in die Hand zu nehmen und mehr Eigenverantwortung zu übernehmen, heißt natürlich nicht, mit dem Kopf blindlings durch jede Wand zu laufen. Überleg dir besser, bevor du losrennst, an welchem Punkt du in deinem Leben gerade stehst. Welche beruflichen und privaten Wünsche hast du? Natürlich kann man sich von all den Erwartungen anderer frei machen. Doch gleichzeitig bedeutet das auch nicht, dass man sich mit der aktuellen Lebenssituation abfinden und für immer darin verharren muss. Um dich besser zu orientieren, kannst du beginnen, eine »Landkarte« für das eigene Leben zusammenzustellen:

- Notier darin die Vergangenheit, die Gegenwart und deine ideale Zukunft.
- Schreibe dazu, welche Glaubenssätze, Werte und prägenden Erfahrungen du mit diesen drei »Visionen« verbindest.
- Gleiche nun Wünsche und Ziele mit der Karte ab.
- Überprüfe deine Glaubenssätze und Werte: Stimmen sie mit dem Weg überein, den du eingeschlagen hast, oder sabotieren sie dich?
- Übernimm nun Verantwortung für diese limitierenden Glaubenssätze (wir nennen sie auch Interferenzen), und bearbeite sie Schritt für Schritt.
- Je weniger dich diese Interferenzen sabotieren, umso größer wird die innere Kraft, die dir zur Verfügung steht.
- Somit erkennst du: Je mehr Verantwortung du für deine eigene Programmierung übernimmst, umso mehr Freiheit gewinnst du auch.

Erwartet jedoch jemand anderer von dir, dass du eine Aufgabe übernimmst, dann prüfe dieses Angebot ebenso achtsam und bewusst. Verantwortung zu übernehmen, ist wie ein Zügel, der einem die Macht gibt, die Richtung zu bestimmen. Diesen in deine Hände zu legen, ist auch ein Zeichen von Wertschätzung, Respekt und Anerkennung. Es ist ein Zeichen dafür, dass die Person an dich glaubt und dir vertraut. Aber nur weil sie etwas von einem erwarten, bedeutet das nicht, dass man ihren Wünschen nachkommen muss – egal, wie sehr einen dieses Angebot auch ehren oder reizen mag! Wer wahrlich frei ist, der strebt auch nicht nach der Anerkennung anderer.

DAS VERLANGEN NACH ANERKENNUNG MACHT UNFREI

Man sollte immer seine Werte prüfen und ob eine neue Tätigkeit dem eigenen höheren Ziel dienlich sein kann. Wer das nicht tut, wird sehr wahrscheinlich in absehbarer Zeit einen Wertekonflikt erleben und unzufrieden mit seiner Aufgabe oder Leistung sein. Bei einem Säugling ist noch nichts vorhanden von dieser Schutzhülle. Er kehrt seine ganze Innenwelt nach aussen und lässt seinen Gefühls- und Befindlichkeitsäusserungen freien Lauf. Aber im Verlaufe der Jahre erwirbt der Mensch die Fähigkeit, sein Innenleben gegen aussen – mindestens teilweise – zu verbergen. Er muss im Interesse eines vernünftigen Zusammenlebens seine Gefühle und Triebimpulse ein Stück weit steuern lernen. Er tut dies nicht zuletzt aus der Erfahrung heraus, dass er von den Mitmenschen verletzt werden kann, wenn er sich ihnen völlig ungeschützt zeigt.[68]

Vor allem im beruflichen Umfeld führt kein Weg an Verantwortung vorbei. In manchen Positionen werden Verantwortung und Entscheidungsfreudigkeit sogar vorausgesetzt. Doch gleichzeitig heißt das nicht, dass man sich, wenn man sich nicht in einer dieser Positionen befindet, unter Wert verkaufen muss. Es bringt nichts, sich vor Verantwortung zu verstecken. Im Gegenteil, ein gesundes Maß an Eigenverantwortung ist wie eine Vitaminspritze für den

Erfolg. Eigeninitiative ist ein Zeichen für Engagement. Man strahlt dadurch Interesse aus und zeigt, dass einem die Dinge nicht egal sind. Bleiben wir bei der Ehrlichkeit: Verantwortung zu übernehmen, ohne für etwas verantwortlich gemacht zu werden, ist und bleibt ein Wunschgedanke. Verantwortung ist aber nicht mit Schuld gleichzusetzen. Die Person, die die Verantwortung trägt, ist nicht automatisch der Schuldige. Genau dieses falsche Verständnis blockiert häufig Menschen darin, proaktiv mehr Verantwortung zu übernehmen. Dieses Systemproblem muss von den Führungskräften (top-down) gelöst und mittels Vorbildfunktion richtig vorgelebt werden. Dafür ist eine neue, transformationale Leadership-Kultur nötig. Eine Kultur, die das Verhalten so vorlebt, wie man es auch von seinen Mitarbeitern erwartet.

Selbstverantwortung zu übernehmen, ist ein wichtiger Schritt in ein Leben mit mehr Freiheit und beginnt bei den eigenen Gedanken. Du wirst erkennen, dass deine Glaubenssätze, die dir sagen, wie du und die Welt angeblich »funktionieren«, sehr subjektiv sind. Verantwortung zu übernehmen bedeutet aber nicht nur, zu allem »Ja« zu sagen. Denn ein »Ja« ist immer nur dann echt, wenn du auch »Nein« sagen kannst. Entscheide also stets achtsam in Abgleich mit deinen Werten, welche Angebote du annimmst. Es liegt an jedem selbst, das eigene Maß an Verantwortung zu bestimmen. Alles ist eine Entscheidung. Wer wahrlich frei sein will, der muss auch das Management über seine Programmierung übernehmen.

Eigenverantwortung ist nicht nur eine Fähigkeit, um seine Gedanken und sein Handeln bewusst zu steuern, sondern hat auch eine direkte Auswirkung auf die Gefühlslage. Viele pflichtbewusste Menschen wollen natürlich allen Aufgaben in ihrem Job nachkommen. Dabei darf man aber nie die Verantwortung für die eigene mentale und körperliche Gesundheit vergessen. Zieh deshalb auch klare Grenzen und behalte stets das große Ganze im Blick. Es ist ja bewundernswert, wenn man zum Beispiel sehr motiviert Tag und Nacht an einem neuen Projekt arbeitet. Aber wenn man nach einigen Wochen in ein Burn-out schlittert, war die ganze Arbeit umsonst, und man fällt auch noch Freunden und Familie zur Last, wodurch diese selbst in ihrer Freiheit eingeschränkt werden. Willst du das wirklich riskieren, einfach nur weil du jetzt gerade so viel Motivation verspürst?

Übernimm daher auch bewusst Eigenverantwortung, um für dein körperliches Wohlbefinden und deine mentale Gesundheit zu sorgen und um einen Ausgleich zu deinem Beruf zu finden. Man hat mehr Einfluss auf sein Wohlbefinden, als man denkt. Es ist nie zu spät, etwas im eigenen Leben zu verändern. Um den Gefühlszustand entspannt und in eigener Kontrolle zu behalten, hilft oft die Erkenntnis, dass man nichts persönlich nehmen muss. Denn was andere über einen sagen, ist nur eine Reflexion derer selbst. Deine Aufgabe ist es zu entscheiden, wie du auf sie reagierst. Nur das sagt etwas über dich aus. Schaffe dadurch mehr Klarheit und ziehe da Grenzen, wo es nötig ist. Dies gelingt am leichtesten, wenn du dir verinnerlichst, dass du nichts persönlich nehmen musst, weil Beobachtung und Bewertung getrennt sind.

4. MUTIG SEIN

Ein verantwortungsvolles Leben zu führen, ist gerade zu Beginn kein leichter Schritt, oder zumindest nicht immer angenehm. In vielen Lebensbereichen verlangt echte Verantwortung einen Löwenmut. Denn Verantwortung für das eigene Handeln zu übernehmen, bedeutet zu jeder Zeit hinter sich selbst zu stehen und mit den Konsequenzen zu leben. Egal, ob es sich dabei um etwas Positives oder Negatives handelt. In diesem Kapitel soll aufgezeigt werden, wie man liebevoll mit den eigenen Schwächen umgehen kann, um bewusst an sich selbst zu arbeiten; jeden Tag. Manchmal gewinnt man, und manchmal lernt man. Für mich sind Fehler die Flügel des Erfolgs!

SIEGE MACHEN STOLZ, NIEDERLAGEN STARK

Hat man daher die Chance, mehr Verantwortung zu übernehmen, empfiehlt es sich, nicht mit der Vogel-Strauß-Taktik zu reagieren. Stattdessen sollte man sich über die Möglichkeit freuen, sein Leben freier gestalten zu können. Geht einmal etwas schief, geht die Welt nicht gleich unter. Es ist wichtig, auch in diesen Situationen bewusst die Verantwortung anzunehmen und sich nicht zu rechtfertigen oder Ausreden zu suchen. Es gibt keine Fehler – nur Feedback! Das Eingestehen eines Fehlers ist keine Niederlage. Stattdessen kann man sich darüber freuen, dass man etwas lernen durfte. Auch wenn das bedeuten mag, dass man »zurück zum Start« muss. Wer immer nur versucht, Fehler zu vermeiden, der wird sich seinen eigenen Erfolg verbauen, weil nichts umgesetzt wird. Und durch das Akzeptieren von Fehlern werden wir nicht nur freier in unserer Selbstwahrnehmung, sondern wir lernen auch schneller und leichter, was uns einen Vorteil (gerade auch im Berufsleben) verschafft. Wichtig dabei ist meiner Meinung nach auch, sich ständig zu verbessern und sich nicht mit dem Status quo zufriedenzugeben. Also nicht absichtlich Fehler zu machen, sondern stetig nach neuen, sinnvollen Strategien und Lösungsmöglichkeiten zu suchen. Wenn ein neuer Weg nicht funktioniert, dann ist es auch nicht nötig, sich selbst zu kritisieren. Stattdessen kannst du dir sagen: »Sehr gut, ich habe etwas gelernt. Jetzt mache ich weiter, bis ich einen Weg gefunden habe, der (noch besser) funktioniert!« Das ist Fehlerkultur.

Für mich bedeutet es konkret: Um erfolgreich zu sein, braucht es mehr »Fehlervreudigkeit«. »Fehlervreudigkeit« ist hier ganz bewusst absichtlich »falsch« geschrieben mit einem V. Gleichzeitig muss man aber auch in der Lage sein, für sich zu erkennen, in welchen Bereichen man durch seine Selbstverantwortung für Fehler geradestehen muss. Ansonsten wird auch diese »Fehlervreudigkeit« wieder nur eine Ausrede dafür, wieso man denselben Fehler mehrfach wiederholt (was natürlich vermieden werden sollte). Ich rufe hiermit zu mehr »Fehlervreudigkeit« auf! Schreib auf:

Wann und in welchem Zusammenhang war ich zum letzten Mal stolz auf einen Fehler?

_____

_____

_____

_____

Wenn du scheiterst, zahlst du mit einer Lernerfahrung. Wenn du die Wahrheit vertuschst, zahlst du mit deiner Integrität. Mein Credo, das ich von meinem Vater lernen durfte, lautet hier: Mache so viele Fehler, wie du kannst – aber keinen zweimal! Um sich von der sozialen Programmierung völlig befreien zu können, sollte man wissen, wie man sich von der erlernten Hilflosigkeit lösen kann. Diese lässt sich gut am folgenden Beispiel erklären: Junge Elefanten lernen, dass sie nicht mehr davonlaufen können, wenn sie mit einer Leine angebunden werden. Anfänglich versuchen sie immer wieder, sich loszureißen, doch irgendwann geben sie den Kampf auf. Ab dann bleiben sie – selbst als voll ausgewachsene Elefanten, wenn sie kräftig genug sind, um sich alleine zu befreien – immer noch angebunden. Sie haben erlernt, dass sie hilflos sind und nichts daran ändern können, weshalb sie schon gar nicht mehr versuchen, zu entkommen. Das funktioniert natürlich nur, wenn man einen Elefanten in jungen Jahren derart konditioniert, denn sobald sie – warum auch immer – einmal bemerken, dass sie sich jederzeit losreißen könnten, tun sie das auch. Vielen von uns geht es manchmal ähnlich, doch wir sollten uns diese Tatsache bewusst machen, insbesondere wenn wir von erlernter Hilflosigkeit sprechen, die dazu führt, dass wir Angst vor Fehlern haben. Dabei ist es wichtig, über den eigenen Schatten zu springen und zu verstehen, dass Fehler nichts Negatives sind. Fehler passieren. Niemand macht einen Fehler absichtlich oder um anderen zu schaden. Fehler zu machen, ist kein Fehler. Im Gegenteil! Keine Fehler zu machen, ist ein Fehler.

FEHLER SIND DIE FLÜGEL DES ERFOLGS

Hinter jedem Verhalten steckt eine positive Absicht! Oder zumindest handeln Menschen, selbst wenn sie schreckliche Dinge tun, gemäß den Möglichkeiten, die ihnen vermeintlich in dem jeweiligen Moment zur Verfügung stehen. Auch wenn man im Nachhinein klüger ist und das Verhalten als negativ bewertet. Nimm daher Fehler nicht persönlich, sondern akzeptiere sie als etwas, was zum Leben und gerade auch zum Lernen dazugehört. Du kannst von ihnen profitieren, anstatt dich von ihnen ablenken und vom Erfolg abhalten zu lassen. Lerne, die positive Intention hinter jeder Handlung zu erkennen, egal, wie sie letztendlich ausgehen mag. Lass dich nicht von anderen Personen einschüchtern, die über dich und deine Fehlschläge urteilen. Erinnere dich: Das sagt nur etwas über diese Leute, aber nie etwas über dich aus. Es ist dringlichst zu vermeiden, dass man sich aus Unsicherheit heraus von seinem Weg zur Verantwortung abhalten lässt. Stattdessen ist es wichtig zu lernen, mit Fehlern umzugehen und sie zu nutzen, um persönlich daran zu wachsen.

Die Angst vor dem Versagen ist oft ein Grund dafür, sich vor der Eigenverantwortung zu drücken. Wir haben dann das Gefühl, alles falsch zu machen. Doch was ist richtig und was ist falsch? Dieses

Gefühl wird meist sehr subjektiv wahrgenommen. Versuchen wir, unser Leben so zu führen, wie es uns guttut, dann haben wir zumindest alles versucht, was wir können. Springen wir nicht ab und zu über unseren eigenen Schatten und wagen einen Schritt aus unserer Gewohnheitszone, dann wird es uns nie gelingen, eine Veränderung in unserem Leben hervorzurufen. Es ist die Programmierung, die wir über die Jahrzehnte aufgebaut haben, die uns nicht selten davon abhält, Verantwortung und Veränderung im Leben anzunehmen. Diese erlernte Hilflosigkeit spiegelt sich oft in der Erwartungshaltung wider. Es ist die Angst davor, bestimmte Situationen nicht kontrollieren zu können.

Diese uns selbst einschränkende erlernte Hilflosigkeit ist oft tief in uns verankert und führt nicht selten dazu, dass wir uns vor Aufgaben drücken, weil wir glauben, uns schämen zu müssen, wenn wir scheitern. Das Konzept der erlernten Hilflosigkeit ist in seinem Kern ein Modell[69], um bestimmte Formen menschlicher Depressionen zu erklären. Diese können die Folge sein, wenn Lebensumstände eine Person dazu verleiten, persönliche Entscheidungen als irrelevant wahrzunehmen. Das lässt sich auch auf den Arbeitsplatz, Mitarbeiter und die Familie übertragen. 2016 wurde das Konzept der erlernten Hilflosigkeit von Steven F. Maier (University of Colorado) und Martin Seligman für den Menschen korrigiert. Passivität als Reaktion auf einen Schock wird demzufolge nicht erlernt, sondern ist eine standardmäßige, ungelernte Reaktion, und zwar die Reaktion auf wiederkehrende Ereignisse im persönlichen Umfeld, die Widerwillen hervorrufen.[70] Erhebe dich über diese erlernte Hilflosigkeit und hab die Courage, nicht gemocht zu werden! Diejenigen, die das Gefühl haben, dass das System für sie und ihre Werte funktioniert, haben ein Interesse daran, es zu bewahren. Diejenigen, die nicht dieser Meinung sind, haben ein Interesse daran, es zu verändern. In der Geschichte der Zivilisation gab es nie einen wirklichen Konsens, nur erzwungene Kompromisse. Versuche, dem inneren Drang, weglaufen zu wollen, zu widerstehen. Stelle dich deinen Problemen, kümmere dich um deine Aufgaben und überwinde eventuelle innere Kämpfe oder Widersprüche. Menschen, die weglaufen und versuchen, ihrer Realität zu entkommen, haben noch nie einen Kampf gewonnen.

Auf dem Weg zur Verantwortung ist es wichtig, aktiv durchs Leben zu gehen und Fehler nur als Feedback wahrzunehmen. So kann man sich auch von der erlernten Hilflosigkeit befreien und dem Ziel zur vollen Verantwortung Schritt für Schritt näherkommen. Hat man für sich die Entscheidung getroffen, mit mehr Selbstverantwortung durch sein Leben zu gehen, muss man sich gleichzeitig die Erlaubnis geben, mit den Konsequenzen des eigenen Handelns zu leben. Viele machen es sich lieber als Trittbrettfahrer leicht. Wer immer mit dem Strom schwimmt, kann die Schuld am einfachsten schnell auf andere schieben. Ist etwas in die falsche Richtung gelaufen, war es ja nicht *der eigene* Fehler. Das ist aber nur die eine Seite der Medaille: Jedes Handeln ist mit Konsequenzen verbunden, und dies sollte man positiv annehmen. Ein Leben nach eigenem Standard kann nur erlangen, wer auch die Konsequenzen seines Denkens und Handelns übernimmt. Das ist gelebte Eigenverantwortung!

Es gibt Momente, die einen ein Leben lang prägen können. Auf manche Erfahrungen blickst du mit Sicherheit gerne zurück, andere würdest du am liebsten für immer aus deiner Erinnerung löschen. Doch sowohl positive als auch negative Erinnerungen sind wichtig für die Entwicklung. Sie sind das Fundament für alle Glaubenssätze und Werte. Ein regelmäßiger Blick in die Vergangenheit ist daher wichtig, um zu erfahren, wieso man momentan so ist, wie man ist. Aber das sagt noch nichts über die Zukunft aus! Jetzt – mit jedem Moment aufs Neue – kann man selbst bestimmen, wie man sein Leben gestalten will. Wenn man trotz aller Bemühungen Schwierigkeiten hat, eine Entscheidung zu treffen, die einem in der Gegenwart hilft, bedeutet das in der Regel, dass die eigene Vergangenheit die Wahl für einen trifft. Erinnerungen sind wie Hologramme: Sie erzeugen im Kopf das gesamte Bild von etwas, das nicht da ist. Zu verstehen, warum etwas passiert ist, hilft nicht, das Problem zu reduzieren. Öffne die alten Wunden nicht immer wieder, um ihre Herkunft zu untersuchen. Lasse sie heilen. Sei nicht mehr Spielball deiner sozialen Programmierung, dieser unsichtbaren Kraft, die dein Leben steuert und der andere auf ewig ausgeliefert sind. Ich glaube nicht, dass Verständnis zu Veränderung führt. Nur Lernen führt zu Veränderung. Man kann vielleicht nicht immer entscheiden, *was* passiert, aber man kann entscheiden, *wie* man darauf reagiert.

Entscheidungen zu treffen, fällt oft nicht leicht. Doch mit dem Wissen über die richtigen Hilfsmittel und Methoden kann man lernen, Entscheidungen besser und leichter zu treffen und durch das richtige Feedback am persönlichen Entscheidungsverhalten zu arbeiten. Wie ich bereits erwähnt habe, bin ich ein großer Freund des NLP, obwohl es manchmal mit Negativem assoziiert wird. Meist aber vor allem von Menschen, die sich noch nicht persönlich damit beschäftigt haben. Warum ich trotzdem öffentlich dazu stehe? Ich stehe dazu, weil es mich selbst extrem positiv beeinflusst hat und ich die Dinge gerne direkt beim Namen nenne. So ziemlich jeder erfolgreiche Rhetorikprofi (egal, ob das nun Journalisten, Politiker, Trainer oder Berater sind) nutzt Elemente aus dieser weltbekannten Methode. Wie ich schon erzählt habe, hat sie ihren Ursprung im Coaching; und genau dafür empfehle ich sie auch bis heute!

ES GIBT KEIN VERSAGEN, NUR LEKTIONEN

Was für dich falsch ist, ist für jemand anderen genau richtig. Was für dich früher einmal richtig war, kann heute schon als falsch erscheinen. Denke nur an deinen ersten Job oder die erste Beziehung. Jeder Mensch hat seine eigene Welt und jeder damit auch eine eigene Interpretation von der Realität. Dies kann man als eine Art Landkarte verstehen, mit der wir versuchen, durch das Leben zu navigieren. Es ist genau diese Landkarte, mit der wir unsere aktuelle Lebenssituation immer wieder abgleichen:

Was habe ich früher anders beurteilt als heute?

_____

_____

_____

Wie habe ich mich früher in einer unangenehmen Situation verhalten, und wie mache ich es heute?

_____

_____

_____

Was ist heute grundsätzlich anders als damals?

_____

_____

_____

Dieser ständige Abgleich mit der Vergangenheit gibt dir natürlich ein gewisses Gefühl von Sicherheit und Beständigkeit. Du hast dir deine Rahmenbedingungen auf deiner Landkarte selbst gesteckt, und du lebst dein Leben danach. Das funktioniert so lange gut, bis du auf ein Problem stößt. Bist du mit einem Problem konfrontiert, das in deiner Landkarte nicht bekannt ist, musst du nach einem alternativen Lösungsweg suchen und neue Dinge probieren, an die du vielleicht bis jetzt nicht gedacht hast. Es ist vielleicht nicht dein Fehler, dass du dich jetzt in dieser Situation befindest. Manche Dinge geschehen einfach und überraschen uns. Aber nun ist es deine Verantwortung, diese neue Situation als eine Lektion zu sehen. Eine Chance, von der du profitieren kannst. Eine Möglichkeit, die neue Wege und Seiten zeigt, die du nur kennenlernen kannst, wenn du Verantwortung übernimmst und dich dieser Herausforderung stellst.

»Wir sehen die Welt nicht so, wie sie ist.
Wir sehen sie so, wie *wir* sind.«[71]

Anaïs Nin

Peter Brandl, ein deutscher Sachbuchautor und Unternehmensberater, sagte einmal: »Wahrnehmung ist das, was wir für wahr nehmen!«[72] Unsere Interpretation der Welt muss aber nicht immer stimmen. Deshalb ist es wichtig, dass du mit einer geschärften Wahrnehmung durchs Leben gehst. Dabei darfst du allerdings nie vergessen: Wahrnehmung ist und bleibt immer subjektiv. Egal, was du wahrnimmst, es ist stets nur deine Wahrnehmung, deine Interpretation und deine Übertragung. Trotzdem verlassen sich die meisten Menschen zu sehr auf ihre Wahrnehmung. Sie glauben nur das, was sie sehen. Oder vielmehr glauben sie das zu sehen, was sie glauben. Unsere subjektive Wahrnehmung und die objektive Realität weichen oft stark voneinander ab. NLP kann dir dabei helfen, an deiner Wahrnehmung zu arbeiten und deine Beobachtung von deiner Bewertung zu trennen. Die meisten Menschen haben individuelle Wahrnehmungspräferenzen in sich verankert, die sie nur das wahrnehmen lassen, was sie wollen. Das kannst du gerne in einem kostenlosen, interaktiven Selbsttest für dich überprüfen: www.BenediktAhlfeld.com/test.

NLP kann dir auch dabei helfen, einen tieferen Blick in deine Gedanken zu werfen, und dich dabei unterstützen, neue Seiten an dir zu entdecken. Gerade in Bezug auf Eigenverantwortung ist es wichtig, sich selbst zu kennen, zu verstehen und immer wieder zu hinterfragen. So kannst du in regelmäßigen Abständen etwa den oben genannten Persönlichkeitstest machen oder deine Ziele konkret definieren und zur Erfolgskontrolle abgleichen. Wenn das Leben hektisch ist oder eine Menge von unseren Energien sich auf ein besonderes Projekt konzentrieren, ist es nur allzu leicht, aus dem Gleichgewicht zu kommen. Da wir in diesen Situationen nicht genug Aufmerksamkeit für andere wichtige Bereiche des Lebens haben, sind wir hier speziell in Gefahr. Ein besonders praktisches Format, mit dem ich selbst sehr gerne arbeite, ist das Lebensrad. Es ist ein Werkzeug, mit dem wir einen Überblick erhalten, wie zufrieden wir aktuell in unserem Leben sind. Es liefert eine Momentaufnahme über die einzelnen Bereiche des Lebens und wie es uns in ihnen geht. Dabei sind die Segmente nicht festgelegt. Es liegt an uns selbst, die einzelnen Bereiche zu definieren, die für uns wichtig sind.

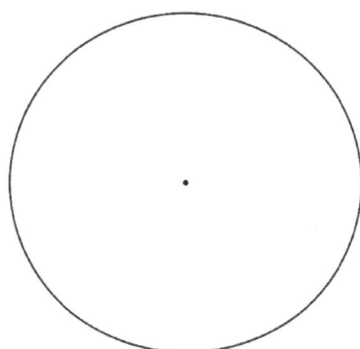

Quelle: Lebensrad, eigene Grafik

1. **Die Lebensbereiche.** Fang damit an, in einem Brainstorming die Lebensbereiche zu definieren, die wichtig für dich sind.
2. **Schreib sie auf das Rad.** Jeder Lebensbereich soll eine eigene Speiche des Rades ausmachen. Das Rad des Lebens enthält acht Abschnitte, die zusammen eine Art der Beschreibung eines ganzen Lebens darstellen. Dabei kann es vorkommen, dass du bestimmte Bereiche zu Personen wie Familie oder Freunde zuteilen möchtest. Die Struktur bestimmt jeder für sich selbst. Die Rad-des-Lebens-Übung misst deine aktuelle Zufriedenheit in den einzelnen Bereichen.
3. **Beurteile jeden Bereich.** Betrachte jede einzelne Dimension auf einer Skala von 0 (niedrig) bis 10 (hoch) und notiere die Höhe der Zufriedenheit in den einzelnen Bereichen des Lebens. Füge jede einzelne Bewertung auf die entsprechende Speiche des Lebensrades ein. Vergiss dabei nicht zu notieren, warum du eine bestimmte Zahl in eine Speiche geschrieben hast. Es ist nicht die eigentliche Zahl, sondern das Warum dahinter ist entscheidend.

4. **Verbinde die Markierungen.** Verbinde jetzt die Markierungen um den Kreis. Der nützlichste Teil des Rades ist die visuelle Darstellung. Sie verleiht dir einen Hubschrauberüberblick darüber, was du tust.

5. **Persönliche Notizen.** Sieht das Lebensrad ausgeglichen aus? Ergänze die Darstellung mit persönlichen Notizen.

6. **Ergreife Maßnahmen.** Jetzt hast du eine visuelle Darstellung der aktuellen Life-Balance. Was wirst du jetzt damit machen?

So könnte ein Lebensrad aussehen, wenn es fertig ausgefüllt wurde:

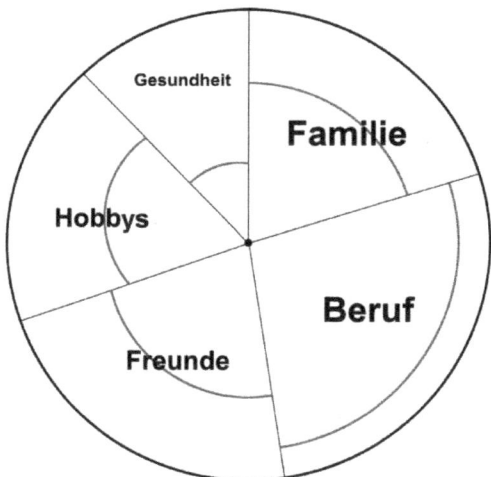

Quelle: Lebensrad in der Praxis, eigene Grafik

In diesem Beispiel liegt ein großer Fokus auf Beruf und Familie, jedoch kommt die eigene Gesundheit zu kurz. Auch fehlt es an Balance in den Bereichen Hobbys und Freundschaft. Dinge, die in der Vergangenheit für dich gut waren, können sich heute ganz anders präsentieren, weil sie sich im Laufe der Zeit verändern. Für

ein bewusstes Leben ist es wichtig, genau diese Situationen recht-
zeitig zu erkennen und deine Ziele dementsprechend anzupassen.
Das erfordert manchmal auch eine gehörige Portion Mut. Wie ist
es denn bei dir: Bist du mutig und springst manchmal über deinen
eigenen Schatten? Dann bist du in der Lage, Dinge zu erkennen,
die dir sonst verborgen geblieben wären.

Eine meiner schönsten Erfahrungen zu dem Thema Mut hat
gleichzeitig mit dem Überwinden von Ängsten zu tun. Bei einer
meiner Reisen war ich allein mit dem Auto und meinem Rucksack
(inklusive Zelt) im australischen Outback unterwegs. Einer meiner Stopps in einem abgebrannten Nationalpark ist mir dabei
ganz besonders gut in Erinnerung geblieben. Schon der Weg hinein war faszinierend: Der Boden war überdeckt mit rötlichem
Sand, jedoch hinterließ jeder Fußabdruck eine weiße Stelle. Denn
nur die oberen Sandkörner waren verfärbt und durch die Berüh-
rung wurden sie umgedreht, und der restliche Sand darunter war
eigentlich weiß.

Der Park lag genau mittig auf meiner Route zum nächsten Ort,
und da es dort scheinbar in der Wahrnehmung anderer Touristen
nicht viel zu sehen gab, war ich an diesem Abend auch alleine in
diesem Park. Seit mehreren Hundert Kilometern war mir kein
Fahrzeug mehr begegnet, und es gab keine Spur von anderen
Menschen weit und breit. Stattdessen hatte ich das große Glück, in
der Entfernung eine Herde Wildpferde sehen zu können. Kurzer-
hand ließ ich einfach mein Auto hinter mir zurück und stiefelte,
bepackt mit Rucksack, etwas Proviant und meinem leichten Ein-
Mann-Zelt, immer tiefer in den Park hinein.

In der ersten Nacht bin ich relativ früh wieder wach geworden,
weil ich plötzlich draußen Geräusche gehört habe. Tapsende
Schritte und ein komisches, helles Atmen. Vor meinem geistigen

Auge lief ein Horrorfilm ab, und ich dachte: »Oh nein, vielleicht sind das Dingos.« Denn diese wilden Hunde sind durchaus etwas, was in Australien eine reale Gefahr darstellt, und davor wurde ich auch wiederholt gewarnt. Es war schon öfters vorgekommen, dass Dingos Menschen angefallen haben. Der beste Tipp, den man überall bekommt, ist: »Wenn du einem Dingo oder Dingos gegenüberstehst, dann begib dich so schnell es geht zur nächsten Menschengruppe.« Denn Menschen in Gruppen werden von Dingos nicht angegriffen! Dieser Tipp half mir in diesem Moment leider überhaupt nicht weiter. Denn ich war ganz allein in meinem Zelt, weit und breit war kein anderer Mensch.

Nur ein dünner Plastikstoff hat mich getrennt von dem, was auch immer da draußen herumgelaufen ist und geröchelt hat. Da ich quasi keine Wahl hatte, startete ich die Flucht nach vorne. Nur bekleidet in Unterhose und mit Wanderstiefeln sprang ich, ein kleines Klappmesser in der Hand, mit einem Satz aus dem Zelt hinaus. Noch bevor ich überhaupt etwas erkennen konnte, stieß ich einen lauten, wilden Schrei aus und hoffte inständig, dass er so furchterregend sein würde, dass er die potenzielle Gefahr vertreiben würde. Denn mit meinem kleinen Obstmesser hatte ich denkbar schlechte Karten gegen so ziemlich jeden Angreifer.

Nachdem ich geschrien hatte, holte ich erst mal tief Luft. Ich sah in der Entfernung zwei Augenpaare leuchten. Ich habe keine Umrisse gesehen, nur diese funkelnden Augen. Verwirrt dachte ich mir: »Das ist zu hoch für einen Dingo, aber irgendwie auch zu niedrig für irgendetwas anderes.« Da die Augenpaare aber nicht verschwinden wollten, egal, wie oft ich blinzelte, entschloss ich mich, auf sie zuzugehen. Zuerst zaghaft, aber dann doch möglichst kraftvoll, um Stärke auszustrahlen, bewegte ich mich Schritt für Schritt auf die Ungewissheit zu. Die Augenpaare rührten sich nicht vom Fleck. Vielleicht war es doch alles nur Einbildung? Oder ich war doch zu lange alleine gewesen, und nun kamen kleine graue Männchen, die mich entführen wollten? Je näher ich kam, umso mehr konnte ich auch die Umrisse erkennen, und dann, quasi erst im letzten Moment, als ich kurz davorstand, erkannte ich plötzlich, was es wirklich war.

Es waren zwei junge Wildpferde, die scheinbar wissen wollten, was ich da machte. Sie waren einfach neugierig gewesen. Ich war noch nie so nah an wilden Pferden wie in diesem Moment. Ich war circa zwei Handlängen entfernt von den beiden Tieren. Es war faszinierend, da sie überhaupt keine Angst vor mir hatten. Sie standen einfach nur so da und haben mich angesehen. Plötzlich fiel der ganze Stress von mir ab, ich atmete tief durch und begann beruhigend auf die Pferde einzureden. Wobei ich wahrscheinlich mehr, um mich selbst zu beruhigen, laut sprach. Immerhin hatten sie sich bisher auch nicht von meinem Furcht einflößenden Geschrei in Unterhosen verschrecken lassen.

Es war so, als hätte sich mein Gefühl um 180 Grad gedreht. Innerhalb von einer Sekunde wurde mir bewusst: Das ist ein wundervoller Moment! Ein schöner Moment. Ein Erlebnis, das von Anfang an wunderbar war und das ich nur durch meine innere, negative Bewertung – ohne überhaupt zu ahnen, was da draußen außerhalb meines Zeltes auf mich warten würde – als einen Moment der Angst und des Unwohlseins erlebt hatte. Wäre ich im Zelt geblieben, hätte ich womöglich kein Auge zugemacht und die ganze Nacht in Erwartung des Schlimmsten gezittert. In Angst, dass ich jeden Moment von einem Rudel Dingos zerfleischt werde. Womöglich hätte ich sogar ein lebenslanges Trauma mitgenommen und wäre nie wieder alleine verreist, geschweige denn in einen Nationalpark wandern gegangen.

Stattdessen durfte ich diese tief berührende Erfahrung machen. Mitten in der Wildnis zu stehen mit zwei neugierigen Wildpferden, die mich achtsam musterten und mir so nahe waren, dass ich ihren warmen Atem auf der Handfläche spüren konnte. Das hätte ich nie erlebt, wenn ich nicht den Mut gehabt hätte, in meiner Unterhose aus dem Zelt zu springen.

Was ich dir damit sagen will: Wenn du gerade durch die Hölle gehst – geh weiter (anstatt darin stehen zu bleiben)! Es macht keinen Sinn, in Ungewissheit zu verweilen und sich selbst zu bemitleiden. Wer weiß, was das Leben noch Schönes parat hält? Mut zahlt sich aus! Trau dich und fordere dein Glück heraus. Sich im Vorhinein zu viel den Kopf darüber zu zerbrechen, was passieren könnte, ist vergeudete Lebenszeit. Besonders wichtig ist es mir deshalb, dich darauf hinzuweisen, keine Vermutungen anzustellen.

Alle Vermutungen basieren auf Ignoranz. Trotzdem haben wir die Gewohnheit, in fast jeder Situation Annahmen zu treffen. Das Problem mit Vorannahmen ist, dass wir unbewusst davon ausgehen, sie seien die absolute Wahrheit. Für uns fühlen sie sich, subjektiv betrachtet, auch real an. So stellen wir etwa Vermutungen darüber an, was andere denken und machen. Ja, wir können uns sogar darüber ärgern, obwohl wir es noch gar nicht sicher wissen (meist, weil wir es persönlich nehmen), ob sie auch wirklich so gehandelt haben wie in unserer Vorannahme. Manchmal bestrafen wir im Geiste Menschen bereits für Handlungen, von denen wir dachten, dass sie sie vollzogen haben, obwohl das niemals stattgefunden hat.

VORANNAHMEN FÜHREN ZU KONFLIKTEN

So ziemlich jedes emotionale Drama, das dir in deinem Leben widerfahren ist, basiert darauf, dass du Vermutungen angestellt und Dinge zu persönlich genommen hast. Wir stellen Vermutungen an, missverstehen sie, nehmen sie persönlich und letztlich erschaffen wir uns somit ein Drama. Doch das ist völlig sinnlos! Da wir als Menschen so sehr an alten Gewohnheiten festhalten (denke an die Aussage von Virginia Satir), opfern wir lieber das Leben (meist von anderen Menschen), um an unseren Annahmen festhalten zu können und unsere Überzeugung nicht verändern zu müssen. So viele Leute sind in der Geschichte der Menschheit umgekommen. Einfach nur, weil wir uns nicht verändern wollten, an unseren Vermutungen festgehalten und Dinge persönlich genommen haben.

Diese Vorannahmen sind ein wichtiger Nährboden für den Computervirus, also das emotionale Gift. Oft tauschen wir uns mit anderen über unsere Vermutungen aus und beeinflussen damit auch andere in ihrer Wahrnehmung. Anstatt um Klärung zu bitten (was in vielen Menschen ein unangenehmes Gefühl auslöst und somit häufig vermieden wird), stellen wir Vermutungen an und gehen davon aus, dass wir mit unseren Vorannahmen richtigliegen. Da wir uns nicht vom Gegenteil überzeugen lassen (wollen), halten wir schon nach kurzer Zeit an diesen Annahmen fest und beginnen, sie zu verteidigen. Mehr noch: Wir versuchen, andere davon zu überzeugen.

Besonders problematisch können diese Vorannahmen innerhalb jener sozialen Strukturen sein, die auf sehr engen Bindungen basieren, wie etwa in der Familie oder einer Partnerschaft. Oft gehen wir davon aus, dass unser Partner weiß, was gerade in uns vorgeht (ohne dass wir es laut aussprechen müssten) und was wir uns wünschen. Wir glauben tatsächlich, unser Partner könne Gedanken lesen! Und wir gehen gleichsam davon aus, dass er auch das tun wird, was wir von ihm erwarten, weil er uns ja doch so gut kennt. Aber wehe, wenn er nicht das tut, von dem wir angenommen hatten, dass er es tun soll! Dann sind wir verletzt und machen ihm Vorwürfe: »Du hättest es wissen müssen! Bin ich dir nicht wichtig genug?«

Ein weiteres Beispiel für schädliche Vorannahmen finden wir auch in unserer Gewohnheit, jede Situation und Person augenblicklich zu bewerten. Wir haben schon in Kapitel 3 festgestellt, dass das ganz automatisch passiert, ohne dass wir darüber bewusst nachdenken. Wir beobachten eine Situation und vergleichen sie augenblicklich unbewusst mit einer Erfahrung, die wir schon früher gemacht haben. Dieser Abgleich ist sehr hilfreich für uns, denn wir sind täglich mit einer immer komplexer werdenden Welt konfrontiert. Um damit klarzukommen, haben wir es uns zur Gewohnheit gemacht, möglichst viele Informationen zu selektieren, damit sie unseren rationalen Verstand, der als bewusster Entscheider fungiert, aber nur eine relativ begrenzte Aufnahmefähigkeit besitzt, entlasten. Das geschieht vor allem dadurch, indem wir unbewusst ständig im Abgleich mit unserer Vergangenheit sind. Jede Situation, die wir erleben, wird mit früheren Erfahrungen verglichen. Dies ist in der Psychologie als »episodisches Gedächtnis« bekannt. In dem Moment, in dem wir eine Erinnerung abrufen, um das, was jetzt gerade passiert, damit zu vergleichen, rufen wir jedoch gleichzeitig die damit assoziierten Gefühle ab, weshalb wir quasi, ohne nachzudenken, sobald wir etwas beobachten, automatisch eine Bewertung vornehmen.

Anders könnten wir uns in einer komplexen Welt nur schwer zurechtfinden, denn wenn wir jedes Mal, wenn wir eine Situation erleben, alles so erfahren würden wie zum allerersten Mal in unserem Leben, wären wir völlig überfordert von der schieren Masse an Reizen, die auf uns einprasselt. Stattdessen vereinfachen wir die Realität und assoziieren augenblicklich, welche ähnlichen Erfahrungen wir bereits damit gesammelt haben. Andererseits beschränkt uns dieser Vergleich extrem, da unsere Reaktion sogleich auf der Vorannahme basiert, dass die jetzige Situation ähnlich ablaufen wird wie die früheren Erfahrungen in diesem Kontext.

»Das Vergleichen ist das Ende des Glücks
und der Anfang der Unzufriedenheit.«[73]

Søren Kierkegaard

So hilfreich dieser innere Abgleich auch sein mag, gleichzeitig ist er der Hauptgrund, warum es zu Missverständnissen in der Kommunikation und Konflikten im persönlichen Alltag kommt. Es verhält sich ähnlich wie mit dem Beispiel, wenn uns jemand Fremdes auf der Straße entgegenkommt und man bereits ein Gefühl zu dieser Person in sich hat. Es basiert auf der Vorannahme, schon im Vorfeld einschätzen zu können, wer diese Person ist. Wir beobachten und bewerten sofort im selben Moment. Dieser Prozess ist bei vielen Menschen so eng miteinander verknüpft, dass Beobachtung und Bewertung quasi gleichzeitig ablaufen. Was wir wieder lernen müssen, ist, diese zwei Dinge zu trennen und die beiden Prozesse voneinander entkoppelt ablaufen lassen zu können. Ich sage nicht, dass wir komplett aufhören sollten zu bewerten. Im Gegenteil, wie angemerkt kann dies durchaus sehr hilfreich sein, um sich in einer immer komplexer werdenden Welt zurechtzufinden. Vielmehr sollten wir uns klar sein über die unbewussten Bewertungen, die wir treffen, und wir sollten dabei stets im Kopf behalten, dass es sich nur um Vermutungen und Vorannahmen handelt, aber wir de facto jedes Mal mit unserer Interpretation auch danebenliegen können. Das ermöglicht uns, in unserem vorschnellen Urteil über andere nicht mehr so festgefahren zu sein. Wahrscheinlich erfordert es etwas Übung, weil die Verknüpfung von Beobachten und Bewerten so eng ist.

Das zeigt sich schon am Beispiel, wenn wir jemand anderen sprechen hören, aber den Inhalt nicht genau verstehen. Dann stellen wir sofort Vermutungen darüber an, was das Gesagte bedeuten könnte. Der Fehler daran ist allerdings, dass wir meist unseren Vorannahmen glauben. Statt Vermutungen anzustellen, sollten wir den Mut haben, Fragen zu stellen. Die meisten Menschen haben Angst davor, dass ihre Vorannahmen nicht mit der Realität übereinstimmen, und leben deshalb lieber in der Illusion, um sich nicht die Blöße geben zu müssen, etwas nicht »richtig« wahrgenommen zu haben. So gehen wir weiter davon aus, dass jeder die Welt auf die gleiche Art und Weise erlebt wie wir selbst. Das ist die eine Vorannahme, die uns Menschen wohl am meisten einschränkt.

Ebenso ist dies die Ursache dafür, weshalb wir Angst davor haben, wir selbst zu sein. Das ist vor allem dann der Fall, wenn wir in Gesellschaft sind, weil wir davon ausgehen, dass die anderen Anwesenden uns verurteilen könnten. Wir denken nur so, weil wir es ja auch selbst immer wieder tun. Noch bevor andere überhaupt eine Chance bekommen, uns zurückzuweisen, haben wir uns schon längst selbst abgelehnt. Eckhart Tolle sagte es frei nach der Bibel: »Was du in anderen verurteilst, verstärkst du in dir selbst.«[74] Denn um mit dem Teil, den wir bei anderen bewerten, in Resonanz gehen zu können, muss er erst einmal in uns selbst vorhanden sein. Je mehr Fokus wir darauf richten, umso stärker wird er auch in uns selbst. Doch dieses Spiel funktioniert auch andersherum: Anteile, die uns selbst an uns stören, finden wir natürlich auch an anderen schlecht, sodass wir sie dann ganz automatisch dafür verurteilen. Sogar dann, wenn diese Menschen eigentlich glücklich mit diesen Aspekten ihrer Persönlichkeit sind.

Doch wir stellen nicht nur über andere Vermutungen an, sondern auch über uns selbst. Gerade diese Annahmen über die eigene Person erzeugen häufig innere Konflikte, etwa wenn wir uns selbst sagen, was wir vermeintlich tun können oder was nicht. Die Glaubenssätze über die Fähigkeiten, welche wir besitzen oder eben nicht besitzen, sind bestimmend dafür, ob und wie wir an Herausforderungen herangehen. Oft schätzen wir uns selbst nicht richtig ein und werden dann mit Feedback konfrontiert, das nicht zu unserer Erwartungshaltung passt, wodurch wir uns weniger gut fühlen. Selbst wenn wir zu einem anderen Menschen in einer engen Beziehung stehen, rechtfertigen wir uns manchmal vor unserem inneren Kritiker, weshalb wir diese Person überhaupt mögen, obwohl sie Anteile hat, die uns missfallen.

Besser wäre es, jemanden zu finden, der bereits so ist, wie wir ihn oder sie haben wollen, sodass wir nicht versuchen müssen, diese Person zu verändern. Solltest du das Gefühl haben, deinen Partner ändern zu müssen, dann bedeutet das, dass du ihn nicht komplett akzeptierst und damit deine Liebe schmälerst. Wenn es echte Liebe ist, dann kann sie von niemandem zerstört werden außer dir selbst. Sich gänzlich von Vorannahmen zu befreien, bedeutet im Umkehrschluss auch, dass man jeden Menschen so nehmen kann, wie er ist. Man muss nicht alles respektieren, was Menschen tun. Aber man kann sie akzeptieren, da man sich bewusst ist, dass sie eine andere Geschichte haben als man selbst und dass sie vielleicht noch nicht den Grad an Bewusstheit erreicht haben, der es ihnen ermöglicht, sich aus ihrem selbst geschaffenen Käfig zu befreien. Dennoch bleibt es deine Entscheidung, ob du dich weiterhin mit diesen Menschen umgeben möchtest.

Wenn du dir nicht sicher bist, ob du etwas korrekt verstanden hast, ist es immer besser, nochmals nachzufragen, anstatt eine Vermutung anzustellen. Damit minimierst du Interferenzen in der Kommunikation und beugst Missverständnissen vor. Bist du mit dir selbst im Konflikt, mache dir bewusst, dass nicht *du* es bist, der im Konflikt ist, sondern dass es zwei unterschiedliche Annahmen in dir gibt, die zu einem früheren Zeitpunkt programmiert wurden. Alleine diese Bewusstheit erzeugt bereits eine gewisse emotionale Distanz und bewahrt dich davor, zu tief in einen inneren Konflikt zu gehen. Stattdessen kannst du nun darüber reflektieren, woher diese Annahmen in dir kommen und welche Glaubenssätze damit verbunden sind.

Ich durfte einmal einen Coaching-Klienten begleiten, der bereits ein sehr erfolgreiches Unternehmen führte. Er war jedoch völlig überarbeitet, weil er so viel zu tun hatte, dass er kaum zur Ruhe kam. Sein Glaubenssatz war, dass Erfolg nur durch harte Arbeit möglich ist. Während des Coachings erkannte er, dass er in Wahrheit viel produktiver sein konnte, wenn er sich auch bewusst eine Auszeit und körperliche Erholung gönnt. So drehte sich sein Glaubenssatz in kürzester Zeit ins Gegenteil und wurde zu: »Um noch erfolgreicher zu sein, erhole ich mich regelmäßig.« Anstatt wie zuvor den ganzen Tag schuften zu müssen, weil er glaubte, nur so erfolgreich sein zu können, arbeitete er nun weniger und mit mehr Erholungsphasen. Dadurch war er allgemein fokussierter und übertraf seine gesetzten Ziele sogar noch!

SICH SELBST ERMÄCHTIGEN

Identifiziere, so wie ich es bei meinem Klienten getan habe, zuerst die Interferenz und löse dann den limitierenden Glaubenssatz auf. Wer dies konsequent tut, wird mit der Zeit immer weniger sabotierende Glaubenssätze in sich aufkommen spüren. Man minimiert die Interferenzen in sich und entfesselt damit die Lebenskraft, die zuvor noch in diesen blockierenden Mustern gebunden war.

Diese Lebenskraft steht nun für anderes zur Verfügung, und man wird energiegeladener, fokussierter und resilienter. Das ist die höhere Absicht, die mit Bewusstseinsarbeit einhergeht: uns frei zu machen von fremdbestimmten Programmierungen durch Selbstermächtigung. Es ist das Ziel der persönlichen Freiheit. Es ermöglicht uns ein Leben in Achtsamkeit, Liebe, Dankbarkeit und Glückseligkeit.

Wenn alle Menschen bewusst kommunizieren würden, gäbe es wahrscheinlich viel weniger oder sogar gar keine Kriege, Gewalt und Missverständnisse mehr. Die meisten der menschlichen Probleme wären bereits gelöst, bevor sie entstehen. Einfach nur, weil wir eine reflektierte, klare Kommunikation haben.

»Glück ist, wenn der Körper ohne Schmerz
und der Geist ohne Verwirrung ist.«[75]

Dieter Lange

Was bedeutet Glück für dich? Hat Glück einen Einfluss auf dein Leben oder ist es etwas, was entweder kommt oder eben nicht? Oder ist es vielleicht sogar deine Verantwortung, dafür zu sorgen, dass du ein glückliches Leben führst? Durch eine positive Grundeinstellung und die Bereitschaft, dich auf Glück einzulassen, kannst auch du von einem Pechvogel zum Glückskind werden. Wieder fängt auch der Weg zum Glück in deinem Inneren an.

Dennoch richten wir unseren Fokus meistens auf das Materielle und das Außen, wenn wir nach neuen Glücksmomenten suchen. Ein schönes Abendessen in einem schicken Lokal mit dem Partner, der Pool im Vorgarten, das Traumauto vor der Tür oder einfach nur ein angenehmes Wochenende unter Freunden. So oder so begeben wir uns in die Abhängigkeit von außen. Schreib auf:

In welchen Bereichen versuche ich, Glück zu erlangen, indem ich im Außen etwas hinzufüge?

_____

_____

_____

In welchen Bereichen fühle ich mich noch nicht komplett?

_____

_____

_____

Durch dieses unbewusste Mangelgefühl scheint das Glück oftmals weit entfernt. Stehen wir uns auf unserem Weg zum Glück nur selbst im Weg? Echte Zufriedenheit ist im Leben viel leichter zu erreichen als manch andere Ziele. Beim Glück geht es nicht um die materiellen Werte in unserem Leben. Nicht um das, was wir besitzen, sondern um das, was wir mit unserer Zeit anfangen können!

KEIN MENSCH WIRD UNGLÜCKLICH GEBOREN

Wieso ist es so schwer, glücklich zu sein? Glücklich zu sein würde bedeuten, all die Dinge loslassen zu müssen, die uns traurig machen. Der Schriftsteller Markus Weidmann sagte: »Das Glück ist ein Vogel.«[76] Irgendwann fliegt es weg, wenn man nicht darauf achtet. Dieser Spruch birgt viel Wahrheit in sich. Das Glück ist immer da – man muss es einfach nur wahrnehmen, anstatt es an sich vorbeiziehen zu lassen. Versuche, die Glücksmomente nicht in deiner äußeren Umgebung zu suchen, sondern in deinem Inneren. Es ist näher, als du denkst.

Natürlich bedeutet Glück und Erfolg für jeden etwas anderes. Wirf einen Blick in deine Vergangenheit und überlege, welche Momente dich wahrhaft glücklich gemacht haben. In welchen Situationen hast du dich besonders wohl und geborgen gefühlt? Ich empfehle dir, ein persönliches »Erfolgstagebuch« zu führen, in das du jeden Abend einen Eintrag machst. Lenke den Fokus darauf, wofür du dankbar bist und was dazu beigetragen hat, dass du einen schönen Moment erlebt hast. Du wirst überrascht sein, wie viele wundervolle Momente es täglich sind. Nun schulst du dich daran, diese bewusst in den Fokus zu rücken. Ich mache dies jeden Abend als Ritual vor dem Einschlafen. Einer der positiven Nebeneffekte dabei ist: Das Gefühl, mit dem ich einschlafe, ist einfach wundervoll.

Bedenke: Wir sind nicht so glücklich, wie wir sind, sondern wie wir es uns erlauben zu sein. Natürlich hat das Leben nicht nur schöne Seiten. Ich bin auch nicht der Typ Mensch, der die negativen Aspekte ignoriert und sich nur auf das Positive konzentriert. Doch ich halte nicht ewig an dem Negativen fest. Ich kann es tolerieren, gekränkt zu sein. Aber ich weigere mich, gekränkt zu bleiben.

Die Glücksforschung untersucht, wann sich Menschen als glücklich bezeichnen oder weshalb sie glücklich sind. Sie soll zur Maximierung des menschlichen Glücks beitragen. Da ich als Österreicher um statistische 9,72 Prozent glücklicher als der durchschnittliche Deutsche, aber ganze 2,53 Prozent unglücklicher als die Schweizer bin,[77] habe ich einen Grund mehr, mir dieses Thema genauer anzusehen. Zeit ist eine der wesentlichsten Voraussetzungen für das Empfinden von *Glück*. Wenn wir sie uns nicht nehmen, um glücklich zu sein, so werden wir es auch nicht werden. *Glück* ist kein Zufall, sondern eine bewusste Entscheidung. Das Positive an dieser Erkenntnis ist: Wir alle können uns in jeder Sekunde unseres Lebens selbst dazu entscheiden, ob wir glücklich sein wollen – oder nicht.

Heute ist *Glück* zu einem Synonym für Sicherheit geworden, aber für einen Großteil der Menschen bedeutet Sicherheit, sich vor neuen Erfahrungen zu verschließen. Doch gerade bei dem aktiven Suchen nach neuen Erfahrungen und dem bewussten Verlassen der Gewohnheitszone erleben Menschen Euphorie und große Glücksgefühle. Wann immer eine (in unserem Kopf) selbst gesetzte Grenze überwunden wird oder wir etwas Neues entdecken, wird Glück empfunden. Es könnte in diesem Sinne als Kind der Inspiration verstanden werden.

»Alte Wege öffnen keine neuen Türen.«

Unbekannt

In einem System, das uns von klein auf darin schult, distanziert zu den eigenen Gefühlen zu stehen und nur die Fakten logisch zu betrachten, entfernen wir uns dadurch zeitgleich von der eigenen Erlebniswelt, und das Spektrum an erlebbaren Gefühlen schrumpft. Einen gewichtigen Einfluss auf unser Glücksempfinden haben nachweislich die als »Glückshormon« bekannten Endorphine, aber auch Oxytocin sowie die Neurotransmitter Dopamin und Serotonin spielen eine wichtige Rolle.

MIT DEN RICHTIGEN GEWOHNHEITEN ZUM GLÜCK

Unser Gehirn[78] setzt diese Botenstoffe bei unterschiedlichen Aktivitäten frei, zum Beispiel bei der Nahrungsaufnahme, beim Geschlechtsverkehr, beim Sport oder vielen anderen Tätigkeiten. Wollen wir also mehr Glück in unserem Leben, so erreichen wir dies am einfachsten, indem wir uns in Situationen begeben (oder diese schaffen), die Glückshormone freisetzen. Da zugleich jedes Erleben von Gefühlen auf der subjektiven Interpretation der Realität basiert (wir quasi alle eine eigene Brille tragen, durch die wir das Leben betrachten und unterschiedlich bewerten), können wir einen Glückszustand auf zweierlei Weise erreichen:

- indem wir uns an die Umwelt anpassen und unser inneres Erlebnis verändern, bis es positiv wird.
- indem wir die Umwelt anpassen und sich infolgedessen unser inneres Erlebnis positiv verändert.

Besonders glückliche Menschen haben alle »Happy Habits«. So einfach ist das. Die glücklichsten Menschen in meinem Bekanntenkreis haben sieben sehr offensichtliche Angewohnheiten gemein. Wer seine allgemeine Glückseligkeit erweitern möchte, sollte folgende Gewohnheiten für sein Leben in Betracht ziehen:

1. **Ein Teil von etwas sein, an das man glaubt.** Das könnte alles
   Mögliche sein. Vielleicht übernimmt man eine aktive Rolle im
   Stadtrat oder nimmt an einer Initiative teil. Vielleicht engagiert man sich mehr in einem Verein, wird Teil eines Klubs
   oder erschafft sich ein zweites Standbein und macht aus einem
   Hobby eine selbstständige Nebentätigkeit. In jedem Fall ist
   das physiologische Ergebnis das gleiche. Man engagiert sich
   für eine Sache, an die man glaubt. Allein dadurch erfahren
   wir Glück, da das Leben über einen weiteren Sinn verfügt und
   wir nun einen Beitrag leisten können, der von Bedeutung ist.

2. **Zeit mit Freunden und der Familie verbringen.** Ein glückliches
   Leben ist ein Leben mit Freunden und in der Familie. Je stärker die persönlichen Beziehungen und je höher die Interak-
   tionsfrequenz sind, umso glücklicher wird man.

3. **Positives wahrnehmen.** Viele Menschen konzentrieren sich zu
   gerne auf das Negative im Leben und sind zu pessimistisch
   eingestellt, sodass keine Zeit mehr übrig bleibt, das Positive
   oder persönliche Erfolge zu reflektieren. Das ist nur natürlich
   für Perfektionisten und alle, die ungewünschte Faktoren bei-
   seiteschaffen möchten. Dennoch sollte auch die Gesundheit
   ein wichtiger Bestandteil eines jeden Lebens sein. Man sollte
   stets zwischen der noch ausstehenden Arbeit und möglichen
   Problemen und den bereits verwirklichten Erfolgen in seinem
   Leben balancieren. Eine stetige Wahrnehmung der täglichen
   Erfolge kann einen bemerkbaren Effekt auf das emotionale
   Glück haben.

4. **Die Quellen nutzen, die einem zur Verfügung stehen.** Die
   meisten Menschen sind immer wieder erstaunt, wenn sie das
   Glück von körperlich behinderten Menschen sehen. Wie kann
   jemand in dieser Lage nur so glücklich sein? Die Antwort liegt

darin, wie zur Verfügung stehende Ressourcen genutzt werden. Stevie Wonder war blind und nutzte daher seinen Gehörsinn für seine Leidenschaft: die Musik. Er erhielt über 25 Grammys.[79] Reicht das als Beispiel?

5. **So viele Happy Ends wie möglich schaffen.** Das Ende einer jeden Erfahrung hat einen tiefgreifenden Einfluss auf die persönliche Wahrnehmung der gesamten Erfahrung durch die jeweilige Person. Das ist wie bei einem gut geschriebenen und zum Nachdenken anregenden Buch mit einem völlig unpassenden und schlechten Ende. Selbst wenn die Geschichte bis zum Schluss fesselnd war, würde man es vermutlich dennoch nicht weiterempfehlen. Menschen erinnern sich an das zuletzt Geschehene – an das Ende. Wenn es ein Happy End gibt, wird Glück geschaffen. Deshalb sollten wir versuchen, offene Enden zu guten Enden werden zu lassen, wodurch wir in unserem Leben nach Möglichkeit mehr und mehr Glück erfahren.

6. **Persönlichen Stärken nutzen, um voranzukommen.** Jeder verfügt über einmalige persönliche Stärken. Wir alle haben unterschiedliche Talente und Fähigkeiten. Emotionales Glück wird von denjenigen erfahren, die ihre Stärke für sich und ihre Arbeit oder Projekte nutzen können. Etwas geschafft zu haben, führt unweigerlich zu Glück. Wenn wir Ziele einzig und allein aufgrund unseres Talents und unserer Fähigkeiten erreicht haben, ist das physiologische Ergebnis einfach unbezahlbar.

7. **Die natürlichen Freuden des Lebens genießen.** Ich habe es schon einmal gesagt und wiederhole mich gerne: Die besten Dinge im Leben sind kostenlos und erscheinen in Form von einfachen Freuden, die zu beliebigen Zeitpunkten und an

unterschiedlichen Orten auftauchen können. Allein Mutter Natur bestimmt diese Momente. Wir müssen sie nur noch wahrnehmen. Ob man nun Hand in Hand mit dem Partner einen sich reflektierenden Sonnenuntergang im See ansieht oder gemeinsame Lieblingslieder im Radio hört – es sind solch kleine Momente, die zu Glück führen, wenn man sie denn bewusst wahrnimmt.

»Jeder ist seines Glückes Schmied.« Dieses Sprichwort, das von dem römischen Zensor und Konsul Appius Claudius Caecus geprägt wurde,[80] bringt den richtigen Umgang mit Glück genau auf den Punkt. Glückliche Menschen haben viel gemeinsam. Sie haben eine positive Grundeinstellung zum Leben und sind mit sich selbst im Reinen. Nur wer mit sich zufrieden ist, kann auch wirklich glücklich sein. Wer eine positive Einstellung hat und die schönen Seiten des Lebens annimmt, kann Glück erkennen und genießen. Es ist ebenso wichtig, sich das Glück von Schwarzmalern nicht aus den Händen reißen zu lassen. Manchmal ist es nötig, Dinge zu tun, die einem zuerst schwerfallen, um langfristig glücklich zu sein. Oft sind es Zustände oder Beziehungen, die einen davon abhalten, Glück zu erleben. Wenn du aktuell nicht zufrieden bist und beginnst, etwas daran zu ändern, rechne auch mit den Konsequenzen, die damit verbunden sind.

Der berühmte Historiker Arnold Toynbee sagte, man könne die Geschichte der Gesellschaft und der darin enthaltenen Institutionen ziemlich gut in vier Worten zusammenfassen: »Nichts scheitert wie Erfolg.«[81] Mit anderen Worten: Wenn man vor eine Herausforderung gestellt wird und die Lösung, die man dafür hat, ist gleichgestellt mit der Herausforderung, nennt man das »Erfolg«. Aber wenn man vor eine neue Herausforderung gestellt wird, funktioniert die alte, bisher erfolgreiche Lösung nicht mehr. Deshalb nennt man es einen Misserfolg.

Der richtige Umgang mit Fehlern hat einen großen Einfluss auf viele Lebensbereiche. Nicht selten ist das falsche Fehlermanagement die Ursache für ein unerfülltes Leben. Irren können wir uns alle mal, aber einen Fehler einzugestehen, dazu gehört Charakter. Nur wer etwas Neues wagt, kann gewinnen. Ohne Fehler zu machen, ist es daher nicht möglich, Fortschritt im Leben zu bewirken. Nimm sie deshalb als das an, was sie sind.

»Es gibt keine Fehler, nur Feedback.«[82]

Milton Erickson

Wer Verantwortung übernehmen will, der ist sich dieser Tatsache bewusst und lernt aus seinen Rückschlägen, anstatt sich von ihnen (oder durch die Angst davor) blockieren zu lassen.

Auf dem Weg zu besserem Selbstmanagement sind »Fehler« daher unsere täglichen Begleiter. Lehrmeister, die dabei helfen, zu der besten Version von uns, dem wahren Selbst, zu werden. Sieh sie als positive Bestärkung, dass du auf dem richtigen Weg bist, und lass dich von ihnen nicht mehr abschrecken. Mache so viele Fehler, wie du kannst, aber keinen zweimal. Denn sie sind mehr als nur Feedback: Fehler sind die Flügel des Erfolgs!

5. SEIN BESTES GEBEN

Verantwortung zu übernehmen, ist ein Prozess, der eine Fähigkeit von uns verlangt, die vielen Menschen heute fehlt: der Wille, immer sein Bestes zu geben. Das bedeutet aber auch unweigerlich, mit sich selbst und anderen geduldig sein zu können. Denn die wirklich wichtigen Dinge im Leben fallen einem nicht von heute auf morgen in den Schoß. Das, was uns wirklich berührt – Liebe, berufliche Erfüllung, Zufriedenheit –, ist ein Prozess, der Zeit braucht. Erfahre in diesem Kapitel, wie du zum Selbstmanager werden und damit dein Leben nach eigenem Standard verwirklichen kannst. Erfolgreiche Menschen setzen um, anstatt nur zu reden. Nur wer in der Lage ist, die Kraft der Gedanken richtig einzusetzen, kann seine volle Kraft entfesseln.

Es gibt Methoden, die einen auf dem Weg zu mehr Verantwortung begleiten und unterstützen können. Sie können eine Abkürzung darstellen und viel Zeit sparen, da man sonst jeden Fehler selbst machen müsste. Ehrlich zu sein, ist nicht immer leicht. Es ist oft noch schwerer, wenn man diesen Weg alleine gehen muss. Gerade wenn es darum geht, die eigene Gewohnheitszone zu verlassen und mehr von sich selbst zu erfahren, ist es deshalb absolut wertvoll, sich bewusst Unterstützung zu suchen. Jemanden um Hilfe zu bitten, hat nichts mit Versagen zu tun. Ganz im Gegenteil! Andere um Feedback zu bitten, ist ein Zeichen von innerer Stärke. Aber es sollte nicht einfach irgendjemand sein, sondern man sollte nur von den Menschen lernen, die schon dort sind, wo man hinwill. Menschen, die jene Fähigkeiten besitzen, die man sich aneignen möchte. Die leben, was sie lehren. Ein guter Coach kann dir dabei helfen, deine aktuelle Lage aus einem neutralen Blickwinkel zu analysieren, und wird gemeinsam mit dir einen Fahrplan erstellen, der dir dabei hilft, deine Ziele schneller und planbarer zu erreichen. Er ermöglicht dir die Abkürzung zum Erfolg!

Insbesondere überdurchschnittlich erfolgreiche Menschen verlassen sich nicht bloß auf sich selbst und ihr eigenes Können, sondern sie setzen auch in den Zeiten von Erfolg auf die Begleitung durch einen professionellen Coach. Es ist egal, ob man ein Spitzensportler, ein erfolgreicher Manager oder eine Privatperson auf der Suche nach Veränderung ist: Jeder Mensch kann von einem Coaching profitieren. Denn wir alle brauchen Menschen, die uns qualifiziertes Feedback geben. Nur dadurch können wir uns verbessern. Es ist das ehrliche Feedback, das uns helfen kann, mehr aus unserem Leben zu machen und zu unserem besten Selbst zu werden. Timothey Gallwey, der Gründervater[83] des modernen Coachings, bezeichnete Performance mit folgender Formel:

$$P = p - I$$

Performance = Potenzial - Interferenzen

Coaching bedeutet demzufolge nicht, neue Ziele hinzuzufügen, sondern bestehende Blockaden (Interferenzen, die wir weiter oben auch als Selbstsabotage bezeichnet haben) zu minimieren. Dadurch kann man sein volles Potenzial nutzen, das ansonsten nicht vollends entfaltet wäre.

Manche verwechseln die Rolle des Coaches mit der eines Motivationstrainers. Der Unterschied ist jedoch offensichtlich: Ein Motivationstrainer vermittelt die Kraft, so sehr an sich zu glauben, dass man denkt, man könnte durch Wände gehen, aber wenn man es versucht, stößt man sich den Kopf an der Wand. Coaching ermöglicht es einem, die Türe zu finden! Denn es braucht Motivation und Technik. Ein guter Coach gibt dir beides. Und das, dank seiner Kompetenz und Erfahrung, in sehr kurzer Zeit.

Dies sollte der Fokus von professionellem Coaching sein – sowohl im Berufs- wie auch im Privatleben. Jeder kann seinen emotionalen Zustand jederzeit selbst kontrollieren, anstatt von seinen Gefühlen und alten Gewohnheiten fremdgesteuert zu werden. Ein guter Coach kann hier viel Zeit, Geld und Nerven sparen, da man bereits von Anfang an auf die wichtigsten Themen hingewiesen wird und diese nicht mühsam durch Rückschläge im Leben erfahren muss. Tu das, was für dich funktioniert, und lerne aus den Fehlern von anderen.

DIE QUALITÄT UNSERER FRAGEN BESTIMMT DIE QUALITÄT UNSERES LEBENS

Schon früh haben Toptrainer den Mehrwert aus der Kombination von NLP und klassischen Coaching-Methoden erkannt. Coaching wird oft als die Kunst beschrieben, qualitativ hochwertige Fragen zu stellen. Diese Fragen bestmöglich zu stellen, war von Beginn an ein zentraler Aspekt des NLP. Doch die Fähigkeit, wirklich exzellente Fragen zu stellen, besitzt leider nur ein sehr geringer Teil der Bevölkerung. Manche haben sogar Angst davor, weil sie in sich spüren, dass durch den Fokus nach innen auch Konflikte und emotionale Dramen an die Oberfläche treten würden, mit denen sie sich lieber nicht beschäftigen wollen.

Als ich mich einmal über die ersten vier Prinzipien mit einer Gruppe Seminarteilnehmer unterhielt, kam das Bedenken auf, dass wir dann ja automatisch mit allem einverstanden wären und völlig passiv in unseren Handlungen sein würden. »Wer nicht bewertet und kritisiert, der kann ja auch nicht besser werden, oder? Ohne Vergleich gibt es keine Möglichkeit zu lernen. Wenn schon alles gut ist, so wie es ist, dann gibt es auch keinen Grund, sich zu entwickeln!«, so die Überlegung. Was denkst du?

Meiner Meinung nach sind wir auf diesem Planeten, um zu wachsen und besser zu werden. Einer der zentralsten Schritte hierbei ist, die persönliche Verantwortung zu übernehmen, sich selbst zu befreien. Jedoch endet der Weg hier noch nicht. Im Gegenteil: Erst jetzt, da wir persönliche Freiheit erlangt haben, können wir die Welt verbessern. Alle Versuche davor wären lediglich das Bestreben, unsere Überzeugungen durchzusetzen. Und sobald wir auf Widerstand stoßen, würden wir in einen persönlichen Konflikt gehen, weil wir es entweder als persönlichen Angriff sähen oder anderen unseren Willen aufzwingen wollten.

Stattdessen sollten wir immer unser Bestes geben, wodurch wir auch unser Leben viel intensiver leben können. Wer diesem Prinzip folgt, wird nicht nur produktiver sein, sondern sich wahrhaft auf seine Familie, Freunde und Partnerschaft einlassen können. Es existieren nun keine unsichtbaren Käfigstäbe mehr, die uns davon abhalten würden, die anderen Menschen so zu akzeptieren, wie sie sind. Erst jetzt können wir wahrhaftig lieben, ohne zu verurteilen. Immer sein Bestes zu geben, bedeutet auch, proaktiv zu handeln und sich für eine Sache einzusetzen, die einen erfüllt, und nicht, weil man eine Belohnung erwartet oder versucht,

Schmerz zu vermeiden. Manche Leute glauben, dass sie sich erst dann gut fühlen dürfen, wenn bestimmte Dinge passieren. Der Trick ist: sich ohne Grund gut zu fühlen. Die meisten Leute tun das Gegenteil: Sie werden nur aktiv, wenn sie mit einer Belohnung rechnen, aber genießen nicht die Handlung selbst. Deshalb geben sie auch nicht ihr Bestes.

Wie viele Menschen fahren montags in die Arbeit und sehnen sich schon nach dem nächsten Wochenende? Oder kommen zurück aus dem Urlaub mit frisch erholtem Hass auf die Arbeit? Ein Hamsterrad sieht von innen immer aus wie eine Karriereleiter. Manche Menschen arbeiten nur für die Belohnung, weshalb sie sich innerlich ihrer Aufgabe widersetzen. So entstehen Vermeidungsstrategien, und es wird immer schwieriger, sein Bestes zu geben. Die Arbeit fühlt sich dadurch immer härter an, und aus der Entlohnung wird das Schmerzensgeld. Menschen, die in ihrem Job nicht aufgehen, weil sie ihn gerne erledigen, sondern die während ihrer Tätigkeit gedanklich schon in der Zukunft sind, wo die Belohnung wartet, leiden.

Natürlich wissen sie, dass sie (in unserem Wirtschaftssystem) arbeiten müssen, um Essen zu kaufen, die Miete zu bezahlen und die Familie versorgen zu können. Aber die Wahrheit ist: Anstatt im Moment glücklich zu sein, leben sie im Geist nur in der Zukunft und warten auf die wohlverdiente Belohnung. Dadurch entsteht jedoch nichts anders als Frustration, und der Wunsch wird geboren, aus der Realität zu flüchten. So beginnt bei einigen der Griff zur Flasche, weil Alkohol für einen kurzen Moment die Frustration des Moments betäubt. Es gibt unterschiedliche Möglichkeiten, wie wir dem Moment entfliehen können. Sei es nun gedanklich, indem wir über die Zukunft nachdenken, oder indem wir vergangene Erfahrungen Revue passieren lassen und uns so immer weiter durch

Geschichten, die wir uns selbst erzählen, selektiv programmieren. Doch jedem ist auf einer gewissen Bewusstseinsebene klar: Wir versuchen, aus dem Moment zu entfliehen, weil wir nicht das tun, was uns entspricht. Solange wir nicht wissen, was uns entspricht, werden wir uns lediglich selbst zurückhalten und unglücklich werden.

»Arbeit um der Arbeit willen ist gegen die menschliche Natur.«[84]

John Locke

Statt für eine Belohnung in der Zukunft zu arbeiten und im Moment des Jetzt zu leiden, sollten wir nach Tätigkeiten streben, die uns erfüllen, ohne dass wir dafür belohnt werden müssen. Frage dich:

Wo kann ich etwas beitragen, anstatt nur zu ertragen?

_____

_____

_____

Die Essenz der Arbeit ist ein Beitrag zum Gemeinwohl. Etwas relativieren möchte ich es dennoch: Sicherlich ist nicht immer jede Tätigkeit im Berufsleben komplett das, was dich in dem Moment glücklich macht, aber diese Tätigkeit ist manchmal einfach notwendig, um ein größeres Ziel zu erreichen. Umso mehr kannst du in diesen Situationen darauf achten, das Schöne an diesen Momenten zu finden, und dir bewusst machen, dass du in eine größere Vision einzahlst.

JEDER TÄTIGKEIT EINE BEDEUTUNG GEBEN

Mit dieser Einstellung existiert kein Zweifeln mehr, und wir geben ganz natürlich unser Bestes. Wer das Prinzip befolgt, immer sein Bestes zu geben, wird unweigerlich damit konfrontiert, welche Aspekte seiner Arbeit (und des ganzen Lebens) wirklich ihm selbst entsprechen – und welche nicht. Doch es gibt hieran nichts zu bedauern! Wenn du dieses Prinzip konsequent in dein Leben integrierst, wirst du dich selbst unweigerlich befreien. Denn es zwingt dich quasi dazu, die vier vorherigen Prinzipien ebenfalls zu leben.

Wer immer sein Bestes gibt, der wird lernen, sich selbst zu akzeptieren und zu lieben. Das kann natürlich nur in seiner Ganzheit geschehen: Man muss dazu bereit sein, aus Fehlern zu lernen, anstatt sich dafür selbst zu verurteilen. So lebt man jeden Tag bewusster. Bewusstes Handeln wird zu einer Gewohnheit, und die Momente, in denen wir aufgrund der Selbstsabotage leiden, werden immer seltener. Man erlangt schließlich auch eine höhere Energie, weil die volle Kraft zur Verfügung steht. Sie ist nicht mehr gebunden in inneren Konflikten und Dramen, sondern fließt frei und in eine Richtung, die man bewusst und mit Intention lenken kann.

Vielleicht kennst du Menschen, die so richtige Couch-Potatoes sind und jeden Tag nur darauf hoffen, dass er möglichst schnell vorbeigeht. Diese Tatenlosigkeit kommt davon, dass sie das Leben und ihren Platz darin verleugnen. Ihre Untätigkeit rührt mitunter auch daher, dass sie Angst davor haben, ihr wahres Selbst zu zeigen (vor sich selbst und anderen). Womöglich waren in der Vergangenheit negative Konsequenzen damit verbunden, wenn sie das getan haben, was sie wirklich wollten. Und seitdem unterdrücken sie diese Anteile ihres Selbst und leben an die soziale Programmierung angepasst. Doch diese Unterordnung kostet viel Kraft und macht schnell müde, denn es kostet mehr Kraft, sich der Fremdbestimmung unterzuordnen, als gemäß dem wahren Selbst zu leben (auch, wenn das anfänglich mit Konflikten verbunden ist).

An einem gewissen Punkt, nämlich immer dann, wenn man aus einer Idee eine Realität machen will, muss man aktiv werden. Niemand kann es einem abnehmen! Ohne die Umsetzung gibt es keine Ergebnisse und auch keine Belohnung. Die Angst zu scheitern ist völlig unbegründet, wenn man sich von den äußeren Erwartungen und inneren Vorannahmen befreit. Besser, man fragt im Nachhinein um Verzeihung als vorher um Erlaubnis.

NUR EINE NULL HAT KEINE ECKEN UND KANTEN

Riskiere etwas, ohne zu zögern, auch wenn du erwartest, nicht von allen gemocht zu werden. Nur so kannst du ab jetzt in allem dein Bestes geben. Es ist ein Glaubenssatz, so wie jede andere Programmierung in deinem Leben, und du kannst selbst bestimmen, ob du dich dafür entscheidest. Viktor Frankl setzte sich intensiv mit den psychologischen Theorien und Konzepten seiner Zeit (der 1930er-Jahre) auseinander. Er sah den Menschen nicht als von seinen Trieben bestimmt, sondern als geistiges Wesen, das nach *Sinn* strebt: »Der Mensch will wissen, wozu er auf der Welt ist. Dies unterscheidet ihn vom Tier.«[85]

So kannst du allem, was du tust, eine tiefere Bedeutung geben. Dies beeindruckte mich immer schon an der japanischen Kultur. Und dieses Konzept findet sich auch in Indien wieder. Dort führen Menschen ein Ritual durch, das »Puja« genannt wird. Es bedeutet[86] in etwa »Verehrung« oder »Ehrerweisung«. Die Puja ist ein im

Hinduismus im Idealfall täglich praktiziertes Ritual und gehört zu den wichtigsten Bestandteilen des religiösen Alltags. Bei diesem Ritual werden Gegenstände benutzt, die das Göttliche in vielen verschiedenen Formen repräsentieren. Diese Objekte werden gebadet, genährt und man wendet sich ihnen in Liebe zu. Der Gegenstand selbst ist nicht wichtig. Wichtig ist die Art und Weise, wie man das Ritual durchführt. Welche Intention man in die Art und Weise legt, wenn man die Worte »Ich liebe dich« ausspricht.

Gott ist das Leben in Aktion. Die beste Art zu sagen »Ich liebe dich, Gott« ist es, immer sein Bestes zu geben. Es ist gleichzeitig die beste Möglichkeit, im Moment zu leben und sich nicht durch die Furcht vor der Zukunft oder das Drama der Vergangenheit bestimmen zu lassen. Einfach zu sein und zu genießen, jede Handlung mit größtmöglicher Bewusstheit und Hingabe zu erfüllen, bedeutet automatisch, sein Bestes zu geben. Dadurch erhält man die Erlaubnis, alles zu tun, weil nichts mehr verboten ist. Du kannst »Nein« sagen, wenn du »Nein« sagen willst, und du kannst »Ja« sagen, wenn du »Ja« sagen willst. Du hast das Recht, du selbst zu sein. Die Erlaubnis musst du dir selbst geben. Wenn du das tust, so wirst du ganz natürlich immer dein Bestes geben, weil dein Denken und Handeln in sich stimmig sind. Wenn du nicht dein Bestes gibst, so verweigerst du dir ja auch gleichzeitig, dein bestes Selbst zu sein.

Beginne zu handeln und setze nun um, was du dir schon lange vorgenommen, aber bisher immer nur aufgeschoben hast! Du kannst jeden Tag, jede Handlung, jedes Wort, jeden Gedanken leben wie eine Puja. Du brauchst nicht die Erlaubnis von einem anderen Menschen oder von einer Gottheit wie Christus, Allah oder Buddha. Du kannst das tun, was sich für *dich* richtig anfühlt. Suche nach dem besten Weg, und dann gib dein Bestes. Dies wird sich auch in deinem körperlichen Befinden widerspiegeln: Wenn du jedem Teil deines Körpers Liebe schenkst, ihn ehrst und respektierst, dann wird er es dir danken. So wird jeder Tag zu einer Chance, sich in seinem Ritual der Bewusstwerdung zu üben.

Die Notwendigkeit, über andere zu urteilen oder sie emotional zu missbrauchen, wird von dir abfallen, wie die Haut einer Schlange, die sie bei ihrer Häutung verliert. Denn es gibt kein »richtig« und kein »falsch« mehr. Du stehst nun über der Bewertung und bist frei von Vorannahmen, die dich oder andere verletzen. Ja, es braucht einen starken Willen, um dieses Prinzip einzuhalten. Denn egal, wohin du schaust, warten Herausforderungen auf dich. Das Leben gibt dir konstant die Möglichkeit zu prüfen, ob du die Prinzipien *wirklich* in deinen Alltag integriert hast. Oder ob du noch in deinen Gedankenkonstrukten festgefahren bist. Doch mit jedem Mal wird es einfacher und leichter.

WELTVERBESSERUNG DURCH SELBSTVERBESSERUNG

Wenn man nicht das erwartete Feedback erhält, so sollte man nicht vorschnell urteilen. Damit macht man sich selbst zum Opfer und gibt die Verantwortung ab. Wir brauchen uns nicht selbst zu bestrafen. Man steht einfach wieder auf, nachdem man hingefallen ist, und sieht die nächste Situation als neue Chance, seiner Selbstbestimmung einen Schritt näher zu kommen. Man muss nicht von heute auf morgen perfekt sein. Aber man kann jeden Tag ein bisschen besser werden! Das ist der Anspruch, den ich an mich habe. Es gibt alle möglichen Dinge, die wir auf dieser Welt tun können, um sie zu einem besseren Ort zu machen, aber wir müssen bei uns selbst beginnen. Wir unterschätzen unsere Fähigkeiten und überschätzen unsere Probleme.

Es ist in Ordnung, wenn du es nicht immer schaffst, die fünf Prinzipien zu befolgen. Wenn es so einfach wäre, dann würden es alle tun! Das Entscheidende ist nicht, dass man es immer perfekt macht, sondern dass man sich bewusst damit auseinandersetzt, wenn man in ein emotionales Muster zurückgefallen ist oder sich selbst sabotiert hat. Mit der Zeit wird es immer seltener passieren, und eines Tages wird man abends dankbar zu Bett gehen und überrascht sein, wie leicht es einem schon fällt.

Die Unterstützung durch einen Coach anzunehmen, ist kein Zeichen von Schwäche. Vielmehr ist es ein Zeichen von innerer Stärke, weil man bereit ist, zu seinem besten Selbst zu werden. Viele glauben, als schwach und unfähig zu gelten, wenn sie um Hilfe bitten. Dabei zeugt es von Stärke, die eigenen Bedürfnisse zu kennen, diese verbalisieren zu können und auch bereit zu sein, ein »Nein« zu hören. Ein Coach verfolgt nicht die Aufgabe, dich zu verändern, sondern er hört und schaut dir aufmerksam zu und gibt ehrliches Feedback, das du anderswo nur sehr schwer bekommen wirst. Denn wer ist wirklich ungeschönt ehrlich zu dir? Wer sagt dir die Dinge, wie sie sind, und nicht so, wie du sie hören willst? Ohne selbst zu interpretieren und falsche Vorannahmen über dich und dein Leben einfließen zu lassen? Genau aus diesem Grund stehen hinter den meisten erfolgreichen Menschen auch Coaches, die sie in allen Lebenslagen begleiten und beraten und ihnen dabei helfen, nicht nur mehr Lebensfreiheit zu gewinnen, sondern insbesondere auch diese Freiheit achtsam im Fokus zu behalten. Drifte nicht mit deinen Gedanken in die Zukunft oder in die Vergangenheit ab, sondern bleibe achtsam und bewusst im Moment – mit gedankenloser Aufmerksamkeit.

Verantwortung zu übernehmen bedeutet in erster Linie, bewusst die eigenen Gedanken und Programmierungen zu hinterfragen.

Wer an sich glaubt, ist in der Lage, Dinge zu erreichen, die er vorher nicht für möglich gehalten hätte. Aus diesem Grund ist ein wichtiger Schritt, um mehr Verantwortung in seinem Leben zu erfahren, die volle Kontrolle über die eigenen Gedanken zu übernehmen und sich von der sozialen Programmierung, die uns in die Wiege gelegt wurde, zu befreien. Ein guter Coach kann hier viel Zeit und Energie sparen, da er dich bereits von Anfang an auf die wichtigsten blinden Flecken und Schattenaspekte deines Selbst hinweisen wird, sodass du diese nicht mühsam durch »Lektionen des Lebens« über Jahrzehnte hinweg selbst entdecken musst, was oft mit viel Schmerz und Rückschlägen (auch finanziell) verbunden ist. So gesehen erspart dir gutes Coaching nicht nur Zeit (die wichtigste Währung unseres Lebens), sondern auch viel Geld. Erfolg kommt nicht von heute auf morgen. Erfolg ist die Folge einer Entscheidung! Spricht man mit wirklich erfolgreichen Menschen, stellt man fest, dass hinter ihren Errungenschaften Arbeit und bewusst investierte Zeit stecken. Wieso die Sachen immer weiter vor sich herschieben und nicht gleich anfangen? Je früher man beginnt, umso schneller kann sich eine positive Veränderung im Leben einstellen. Verschaff dir Klarheit darüber, was du willst, und fange jetzt mit der Umsetzung an. Hier findest du meinen Vier-Schritte-Plan, um ein Leben nach eigenem Standard zu beginnen:

1. **Soziale Programmierung hinterfragen**
    Werde dir noch einmal klar darüber, was wirklich deinen Werten entspricht und was »nur« erlernt ist, nun aber nicht mehr benötigt wird. Nun weißt du, wo du herkommst und was dir nicht gefällt. Aber: Wo willst du hin? Wer wirst du sein? Schreib auf: Was werden die Menschen über dich erzählen, wenn du nicht mehr lebst?

Den Fokus auf dein Vermächtnis zu richten, das du der Welt zum Geschenk machst, kann viel bewirken. Es lenkt unsere Aufmerksamkeit weg von dem Vergangenen (das uns Angst macht) und hin zu dem Moment, in dem wir etwas bewirken können: dem Jetzt. Befolge hierfür die ersten vier Prinzipien aus diesem Buch.

2. **Werte priorisieren**

Wirf einen Blick auf deine wichtigsten Lebensbereiche und setze sie in eine Reihenfolge. Suche nun für jeden Wert mindestens drei Tätigkeiten (im Innen oder Außen), die du proaktiv tun kannst, um diesen Wert zu erfüllen. Findest du dabei eine Tätigkeit, die möglichst viele oder gar alle Werte auf einmal abdeckt, wird diese Möglichkeit besonders wertvoll für dich sein. Stelle dich hierbei auch deinen Schatten! Bestimmt hast du gehofft, dass dir das Unangenehme erspart bleibt. Dem ist leider nicht so. Zumindest nicht, wenn es um ein Leben nach eigenem Standard geht. Denn um wahrhaftig frei zu sein, benötigst du deine volle Lebenskraft.

Diese kann man nur (re)aktivieren, wenn man sein komplettes Potenzial freilegt. Dieses liegt jedoch zu Teilen verschüttet in den Schattenanteilen, denen du erlaubt hast, sich einzunisten. Sie beeinflussen dich nun unterbewusst und in jeder Sekunde. Der einzige Weg, die

Kräfte zu nutzen, die hier gebunden werden, besteht darin, sie Schritt für Schritt aufzuarbeiten und als das anzuerkennen, was sie in Wahrheit sind: Teile deines wahren Selbst, die gesehen und gehört werden wollen. Erst dann kannst du die Möglichkeit haben, deine wahre Bestimmung und Urmotivation zu leben. Nun kannst du prüfen, ob deine Einstellung sich mit deinem Umfeld, den Kollegen im Job und deiner Familie deckt. Denke auch hier an die Ehrlichkeit! Wenn dein Umfeld dich nicht in deinen Werten bestärkt, gibt es nur zwei Wege: Entweder es ändert sich mit dir und durch deine Vorbildwirkung (das kann auch sanft passieren), oder du suchst dir ein neues Umfeld, das deine Werte teilt. Frage dich: »Was in meinem bisherigen Leben hat mich glücklich gemacht? Wahrhaft glücklich?«

Ich spreche hier von Tätigkeiten, die du ausüben kannst, nicht von materiellem Besitz oder Menschen um dich herum, sondern von etwas, das du tun kannst. Wenn du willst, fertige eine Liste dieser Dinge an, und überlege dir, welche am besten zu deinen Werten passen. Je mehr Werte du mit einer Tätigkeit erfüllen kannst, umso näher bist du an einer Urmotivation:

_____

_____

_____

3. Metaziel festlegen

Das Metaziel ist deine höchste Vision, deine Lebensmission. Es ist das Ziel, das über allen anderen steht. Überleg dir, welches dein persönliches Metaziel ist:

_____

_____

_____

Überprüfe nun aufmerksam, ob du dieses Metaziel auch wirklich erreichen willst. Denn mögliche negative Konsequenzen, die sich ergeben, wenn du es erreicht hast, könnten dich unterbewusst von der Realisierung dieses Wunsches abhalten. Schreib dir daher auf, welche (auch teils negativen) Folgen es für dich haben kann, wenn du dein Ziel erreicht hast:

_____

_____

_____

Setze dich so früh wie möglich mit diesem Pro und Kontra auseinander. Bis du auf die Veränderung in deinem Leben gut vorbereitet bist, hast du mit weniger Überraschungen zu kämpfen. Dir ist nun bewusst, wieso du welche Entscheidungen triffst und wie wichtig diese sind, um dein Metaziel zu erreichen. Auch die negativen Konsequenzen sind dir bekannt. Wenn du bereit bist, diese in Kauf zu nehmen, geh weiter zum nächsten Schritt. Wenn nicht, dann geh zurück zum Anfang von Punkt 3 und ändere dein Metaziel!

Solltest du dein erstes Metaziel auf diese Weise verwerfen, wird dir klar, dass es scheinbar nur eine Idee war, die du gar nicht wirklich erreichen wolltest. Dies ist dir nun bewusst und somit auch nichts Negatives. Profitiere von der Erkenntnis, dass du nun nicht mehr ständig an dir selbst zweifeln musst, wieso du dich selbst unbewusst von der Erreichung dieses vermeintlichen Zieles abgehalten hast, und fokussiere deine Energie auf das, was du wirklich erreichen willst.

4. Die Urmotivation leben

Unter Urmotivation verstehe ich die Kraft, die dich von innen heraus antreibt und schon immer in dir manifestiert war. Jetzt musst du sie nur noch ausleben. Klingt einfach, oder? Ist aber zu Beginn vielleicht doch eine Spur komplizierter, als du denkst. Denn selbst wenn du deine Urmotivation gefunden hast und damit auch die Grundlage für die Verwirklichung deines Lebenstraumes – oftmals geschehen uns im Leben Dinge, die uns vom Weg abbringen können. Ereignisse, die uns zweifeln lassen. Hier schließt sich der Kreis. Das Leben ist ein konstantes Hinterfragen der eigenen Bestimmung. Vielleicht ertappst du dich plötzlich wieder bei der Frage »Tue ich das, was ich wirklich will?«. Nur einer kann auf diese Frage die Antwort geben: du selbst. Eines aber kann ich dir versprechen: Auch wenn du deine Lebensvision hinterfragst, ein Weg führt immer zum Ergebnis. Lass dein Herz sprechen und hör auf deine Intuition. Nirgendwo sonst ist dieser Hinweis bedeutsamer als beim Verwirklichen der Idee, ein Leben nach eigenem Standard zu führen.

ERFOLG HAT IMMER ZWEI SEITEN

Hast du ein Ziel vor Augen und möchtest es unbedingt erreichen, heißt das gleichzeitig, dass du bis jetzt gewohnte Dinge in deinem Leben verändern musst. Jetzt ist deine Zeit gekommen, das Metaziel zu fokussieren und nicht mehr aus den Augen zu lassen. Aus vielen kleinen Schritten wird etwas Großes, so ist es auch auf deinem Weg zum Erfolg. Wenn du genau weißt, welche Lebensvision verfolgt werden soll und welche Ressourcen du noch benötigst, um diese zu erreichen, ist es an der Zeit, konkrete Schritte zu setzen. Um das Metaziel schnellstmöglich zu erreichen, sollte man vor allem bei jenen Ressourcen ansetzen, bei denen aktuell am meisten Nachholbedarf besteht und die in der Werte-Priorisierung weit oben stehen. Durch diese Hebelwirkung kann man seinen persönlichen Fortschritt maximieren und die Zeit bis zum Erreichen des Metaziels verkürzen:

Welche konkreten Schritte werde ich als Erstes setzen, um meinem Metaziel näher zu kommen

_____

_____

_____

Gib dein Bestes und fange jetzt sofort damit an. Es gibt keinen Grund, noch länger damit zu warten! Erfolg ist freiwillig; er ist eine Entscheidung. Sei mutig und wage den Schritt: Übernimm Verantwortung. Das kann in seiner gelebten Konsequenz auch bedeuten, den Mut zu besitzen, »normal« zu sein. Es beginnt bei deinen eigenen Gedanken und der Geschichte, die du dir über dich selbst erzählst. Das inkludiert selbst Emotionen wie Trauer, Angst, Schmerz und Wut. Versuche, sie als Empfindungen zu fühlen, die in dir geschehen, ohne an sie oder an die Geschichte, die du dir über sie erzählst, gebunden zu sein. Je besser wir darin werden, desto weniger Macht haben sie über uns. Und umso besser werden das Leben und unsere Beziehungen werden.

Denn wir sind nicht unsere Vergangenheit, und unsere Vergangenheit ist nicht unsere Zukunft. Wer wir glauben, sein zu müssen, ist lediglich die Erinnerung an eine erfundene Geschichte. Das ist unsere größte Blockade. Wir nehmen alles durch die Vorannahmen und unsere Interpretation der Realität wahr, so wie es bei uns programmiert wurde. Nur die Art, wie wir über die eigene Geschichte denken, kann uns verändern. Ich hoffe, dass meine fünf Prinzipien dich hierbei unterstützen können.

Sich bewusst zu machen, dass diese Geschichte der eigenen Identität, die wir uns selbst immer wieder aufs Neue erzählen, eben nichts anderes als eine Geschichte ist, verändert *alles*. Durch diese Erkenntnis wird klar, dass sie sich jederzeit ändern kann. Nicht wir ändern uns, sondern die Geschichte über uns verändert sich. Wir müssen nicht gut sein, um zu starten. Aber wir müssen starten, um gut zu werden. Nutze die folgenden vier Annahmen (sie basieren auf Stephen R. Covey), um sofort ein ausgeglicheneres und kraftvolleres Leben zu führen:[87]

- Nimm an, dass du schon einmal fast gestorben wärest.
- Nimm an, dass du in zwei Jahren deinen Job verlierst.
- Nimm an, dass deine Mitmenschen immer hören können, was du über sie erzählst.
- Nimm an, dass du alle drei Monate ein Gespräch mit deinem Schöpfer führen musst, in dem du über deine Taten reflektierst.

Diese Annahmen sind natürlich immer noch Glaubenssätze, aber es sind durchwegs positive Vorannahmen, die uns in unserem Leben voranbringen, anstatt uns zu sabotieren. Sich die besten Ideen frei zu wählen und jene aufzugeben, die Interferenzen erzeugen, ist unsere Entscheidung. Die Formel »Performance = Potenzial – Interferenzen« bedeutet, dass wir alle unser Potenzial haben, aber oftmals durch Interferenzen (also Selbstsabotage wie limitierende Glaubenssätze) eingeschränkt werden.

Deswegen sollten wir diese Interferenzen so weit wie möglich minimieren. Ich erwarte nicht, dass ich von heute auf morgen perfekt bin. Aber ich versuche, jeden Tag ein bisschen besser zu werden! Und wenn es einmal nicht klappt – das sage ich dir jetzt ganz ehrlich unter uns –, ertappe ich mich manchmal immer noch dabei, dass ich zu mir selbst sage: »Benni, mach dir nichts draus. Du hast halt schwere Knochen!« Selbst wenn ich heute weiß, dass ich selbst der Einzige bist, der sich Sorgen um mein Aussehen macht, dann ist dieser Glaubenssatz, der als Kind vielleicht noch in Ordnung war, als Erwachsener nicht mehr akzeptabel. Jeder hat es selbst in der Hand. Man kann die Vorannahmen der sozialen Programmierung weiterhin übernehmen, weil sie »bequem« sind; oder man macht Schluss mit Ausreden!

Letzten Endes ist es immer eine Entscheidung. Als ich älter geworden bin, habe ich diese auch neu getroffen und für mich entschieden: Ich mache jetzt Sport, obwohl ich schwere Knochen habe. Und ein paar Monate später waren die schweren Knochen verschwunden! Was wirklich zählt, ist nicht, nur darüber nachzudenken, sondern die Ideen auch umzusetzen. Sonst gibt es kein Ergebnis. Am besten tust du es nicht nur für dich, sondern auch für andere.

Geben macht glücklich! Deswegen engagieren sich viele Menschen, die ihre Lebensziele und den erwünschten Reichtum bereits erreicht haben, auch weiterhin – oder sogar noch intensiver – sozial oder für NPOs. Denn gemäß der Individualpsychologie nach Alfred Adler definieren wir unseren Wert darüber, welchen Beitrag wir für andere leisten; getreu dem Motto »Glück bedeutet, anderen etwas geben zu können«. Schreib auf:

Wie kann ich andere unterstützen? _____

_____

_____

Wo kann ich etwas von Bedeutung beitragen? _____

_____

_____

Auch wenn dein Umfeld dich zu der Person gemacht haben sollte, die du heute bist – es liegt nun in deiner Verantwortung, diese Programmierung bewusst zu verändern. Wenn du komplett ehrlich zu dir bist, dann weißt du das bereits. Wenn ich es hart formulieren darf: Gab es eine Zeit, in der du zu viel gegessen oder geraucht hast? Na gut, es gab auch eine Zeit, in der du dir in die Hosen gemacht hast. Und eines Tages hast du damit aufgehört! Denk daran: Eigeninitiative bedeutet, Hilfe anzubieten ohne Hintergedanken. Ich bin fest davon überzeugt, dass du damit wahre Freiheit gewinnst, die Freiheit der Gedanken. Das Wort »Freiheit« basiert auf dem Althochdeutschen »friheit« und bedeutet »freier

Sinn; verliehenes Privileg«[88]. Da drängt sich eine Frage auf: Wer verleiht dir dieses Privileg? Nur einer kann es sein, nur einer kann es tun – du selbst.

Deswegen nochmals zur Zusammenfassung: Sei ehrlich und mach Schluss mit Ausreden. Trenne Beobachtung von Bewertung. Nimm nichts persönlich und löse dich von deinen Vorannahmen. Sei mutig und probiere Neues aus, denn Fehler sind die Flügel des Erfolgs. Hab keine Angst davor! Wann immer du etwas tust, gib dein Bestes und leiste einen Beitrag. Es liegt in deiner Hand. Wir haben vielleicht nicht entschieden, geboren zu werden, aber wir können entscheiden, ob unser Leben von Bedeutung ist. Dabei wünsche ich dir ganz viel Erfolg!

Dein *Benedikt Ahlfeld*

CHECKLISTE

Zum Abschluss möchte ich dir noch eine Checkliste mitgeben, die dich auf deinem Weg zu mehr Verantwortung unterstützen kann. Dabei handelt es sich um meine fünf Prinzipien auf dem Weg zu mehr Verantwortung in deinem Leben in komprimierter Form. Sie soll dir zeigen, welche möglichen Schritte du jetzt sofort setzen kannst. Auch soll sie dir Orientierung geben, wenn du einmal das Gefühl hast, dass die Dinge nicht in die gewünschte Richtung laufen. Die Checkliste soll dich natürlich auch dabei bestätigen, wenn du bereits auf dem richtigen Weg bist.

EHRLICHKEIT

Du musst mit dir selber absolut ehrlich und dir darüber bewusst sein, wie Sprache deine Gedanken und dein Umfeld beeinflusst. Anstatt nur von der unsichtbaren Kraft deiner sozialen Programmierung fremdbestimmt zu leben, mach dir nun bewusst, welche Werte *wirklich* dir entsprechen, und löse dich von den Erwartungen der anderen, wenn sie dich einschränken.

<u>Du brauchst mehr Ehrlichkeit zu dir selbst</u>
- Verantwortung beginnt bei deinen Gedanken, Gefühlen und Taten.
- Sei du selbst. Alle anderen sind schon vergeben!

- Wenn dir jemand sagt: »Du kannst das nicht«, dann zeigt dir diese Person ihre Limitierungen und nicht deine.
- Mach dich auf die Suche nach den verborgenen Anteilen (Schatten) deiner Persönlichkeit.
- Probleme suchen sich keine Opfer aus; Opfer suchen sich Probleme aus.
- Störgefühle durch andere Menschen kommen in Wahrheit von deinen eigenen Schatten.
- Du lässt dich von anderen Menschen nur so schlecht behandeln, wie du dich selbst behandeln würdest.

Die Macht der Entscheidung

- Du bist nicht das Produkt deiner Gene oder deiner Erziehung, sondern das Ergebnis deiner Entscheidungen.
- Grenzen existieren nur im Kopf.
- Freiheit bedeutet Verantwortung.
- Es ist deine eigene Entscheidung, ob du Verantwortung abgibst oder sie übernimmst.
- Du kannst vielleicht nicht immer entscheiden, was im Leben passiert, aber du kannst entscheiden, wie du damit umgehst.
- Das Leben steuert nicht dich, sondern du kontrollierst die Situation!
- Tu das, was du am besten kannst; der Reichtum wird folgen.

Hinterfrage deine soziale Programmierung

- Wir sind erwachsen, aber nicht erwacht.
- Wir gehen rückwärts in die Zukunft.
- Fokussiere dich auf das Hier und Jetzt und nicht auf das, was einmal war.

- Wenn dir das Bild im Spiegel nicht gefällt, ändere die Person, die es betrachtet.
- Eine Sinnkrise beginnt, wenn du deine Vision im Außen suchst anstatt im Innen.
- Die größte persönliche Einschränkung liegt nicht an den Dingen, die man tun will und nicht tun kann, sondern an den Dingen, die man nie in Erwägung gezogen hat.
- Hör damit auf, dich zu verstellen, nur um den Erwartungen anderer zu entsprechen.
- Die Menschen in deinem Leben sind der Spiegel deiner selbst.
- Die Nahrung für den Parasiten, der unseren Verstand limitiert, sind die negativen Emotionen, die aus Angst entstehen.

KEINE AUSREDEN

Innere Blockaden entstehen durch Ausreden (dir selbst und anderen gegenüber). Doch Schuldzuweisung ist das Gegenteil von Eigenverantwortung. Löse dich von den Vorannahmen, die du über dich selbst und andere hast, und erkenne die positive Intention hinter jedem Verhalten. Denn die Landkarte ist nicht das Gebiet und das Verhalten nicht zwingend die Persönlichkeit.

Mach Schluss mit Ausreden
- Hör auf mit Schuldzuweisungen und übernimm Eigenverantwortung.
- Ausreden verbessern niemals deine Situation.

- Ausreden sind das Gegenteil von Verantwortung und halten dich vom Handeln und Erreichen deiner Ziele ab.
- Schluss mit Ausreden zu machen heißt, dich von deiner sozialen Programmierung zu lösen und Verantwortung für deine Entscheidungen (und ihre Konsequenzen) zu übernehmen.

Alles, was du denkst, hat Konsequenzen

- Das flexibelste Element im System steuert das System.
- Vertrauen in dich selbst ist die Basis für ein Leben in Freiheit.
- Dinge bleiben eher im Bewusstsein, wenn man ihnen zu widerstehen versucht. Fokussiere dich auf das, was du erreichen willst, und nicht auf das, was du *nicht willst*.
- Zweifel zerstören mehr Träume, als Niederlagen es je könnten.
- Wenn dein Plan nicht funktioniert, dann ändere den Plan, aber niemals das Ziel!
- Glück bedeutet, mit allem verbunden zu sein und auf nichts reagieren zu müssen.

Löse dich von deinen Vorannahmen

- Alle Vermutungen basieren auf Ignoranz.
- Vorannahmen müssen hinterfragt werden, da es auch sein kann, dass man falschliegt.
- Hinterfrage deine Vorannahmen und geh davon aus, dass du vielleicht auch falschliegst.
- Lieber zweimal nachfragen, als einmal danebenliegen und das ewig bereuen müssen.

- Du solltest sieben Tage die Woche, 24 Stunden am Tag vor den Toren des eigenen Geistes Wache halten.
- Nur wenn du weißt, wer du bist und welche Werte du vertreten willst, ist es möglich, die richtigen Entscheidungen zu treffen.

BEOBACHTUNG VON BEWERTUNG TRENNEN

Nimm nichts persönlich. Was andere über dich sagen, ist nur eine Reflexion derer selbst. Wie du auf andere reagierst, ist deine Verantwortung. Was du über mich denkst, bedeutet nichts im Vergleich dazu, was ich über mich denke. Durch Selbstsabotage (Interferenzen wie etwa limitierende Glaubenssätze) blockieren wir uns dabei oft unbewusst. Mit dem richtigen Zustandsmanagement wirst du auch unter Stress gelassen bleiben. Dadurch erfährst du mehr Klarheit und kannst Grenzen ziehen, wo es nötig ist.

Nimm nichts persönlich

- Die Dinge persönlich zu nehmen, ist der maximale Ausdruck von Egoismus.
- Du nimmst nur Dinge persönlich, wenn du mit dem Gesagten übereinstimmst.
- Was andere über dich sagen, ist nur die Reflexion derer selbst.
- Sei dir bewusst, dass kein Verhalten und keine Äußerung von jemand anderem etwas mit dir persönlich zu tun hat.
- Was andere sagen, fühlen und tun, steht nicht in deiner Macht, kann nicht von dir kontrolliert werden und entzieht sich auch deiner Verantwortung.

- Übernimmst du die Verantwortung für die Gefühle anderer Menschen, hinderst du sie dabei, Verantwortung für sich selbst zu übernehmen und sich selbst aus ihrer fremdbestimmten Programmierung zu befreien.
- Wähle bei deinem Selbstbild bewusst die Interpretation, die der Person entspricht, zu der du werden möchtest.
- Wenn wir andere Menschen wirklich so sehen, wie sie sind, ohne persönlich zu nehmen, was sie sagen oder tun, dann können wir nicht verletzt werden.

Bestimme selbst, wie du dich fühlst
- Verantwortung übernehmen kann man erst, wenn man mit voller Überzeugung sowohl »Ja« als auch »Nein« sagen kann.
- Werde dir darüber klar, was dir wichtig ist.
- Lerne, mit deinen Emotionen umzugehen, denn sie steuern dein Verhalten.
- Bleib auch in schwierigen Situationen gelassen.
- Manchmal bekommt man nicht das, was man möchte, weil man etwas Besseres verdient hat.

Sei dir stets deiner Interpretation bewusst
- Deine Glaubenssätze sind meist nur ein Spiegel der Fremdprogrammierung, die du in deiner Vergangenheit aufgeschnappt hast. Sie müssen sich nicht immer bewahrheiten.
- Zu beobachten, ohne zu bewerten, heißt, die Dinge so wahrzunehmen, wie sie sind, mit allen Sinnen und ohne eine Interpretation hineinzugeben.
- Bei inneren Assoziationen handelt es sich immer nur um eine Interpretation, die auf unserer vergangenen Erfahrung basiert, aber niemals um die absolute »Wahrheit«.

■ Wir müssen unsere Vorannahmen und Interpretationen überprüfen und dürfen uns nicht auf unsere Erfahrungen verlassen.

■ Ohne diese Trennung triffst du lediglich eine Vorannahme, mit der du auch jederzeit falschliegen könntest.

<u>Liebe ohne Bedingungen</u>

■ Wir haben die Idee, dass echte Liebe ewig dauern soll. Aber Liebe ist nicht so. Es ist eine frei fließende Energie, die kommt und geht, wann es ihr gefällt.

■ Wenn es echte Liebe ist, dann kann sie von niemandem zerstört werden außer von dir selbst.

■ Wenn du eine Blume liebst, dann pflück sie nicht.

MUTIG SEIN

Manchmal gewinnt man und manchmal lernt man. Denn Fehler sind die Flügel des Erfolgs! Entwickle »Fehlervreudigkeit«: Mache so viele Fehler, wie du kannst, aber keinen zweimal. Fehler sind nur Feedback.

<u>Fehler sind Freunde</u>

■ Die Angst vor dem Versagen ist oft ein Grund dafür, sich vor der eigenen Verantwortung zu drücken.

■ Schaffe es, Fehler bei dir und auch bei anderen zu akzeptieren.

■ Jedes schmerzhafte Ereignis enthält einen Keim für Wachstum und Befreiung. Jede Krise hat etwas Gutes. Frage dich: »Wofür ist das eine Chance?«

- Die bedeutenden Probleme, mit denen wir konfrontiert sind, können nicht auf der gleichen Ebene gelöst werden, auf der wir uns befanden, als wir sie geschaffen haben.
- Fehler sind stets da, um aus ihnen zu lernen. Sie sind die Flügel des Erfolgs.
- Es gibt keine Fehler, nur Feedback!
- Manchmal gewinnt man und manchmal lernt man. Nichts scheitert wie Erfolg.
- Geh liebevoll mit den eigenen Schwächen um und arbeite bewusst an dir selbst; jeden Tag.

Sei mutig, nicht leichtsinnig

- Es erfordert Mut, sich nicht mit anderen zu vergleichen und so zu sein, wie es dem wahren Selbst entspricht.
- Es erfordert Mut, sich aus der Gewohnheitszone herauszubegeben, über den Schatten zu springen und sich von Glaubenssätzen zu trennen, die einen limitieren. Es erfordert ebenfalls Mut, jederzeit bewusst die Verantwortung für sein Handeln, die Gedanken, Worte und Entscheidungen zu übernehmen und die Konsequenzen dafür zu tragen.
- Durch die bewusste Entscheidung, über den eigenen Schatten zu springen, gelingt es, eine Veränderung im Leben hervorzurufen und zu lernen, mit Fehlern umzugehen.
- Das Verhalten ist nicht die Persönlichkeit. Erkenne die positive Intuition hinter jeder Handlung.

Glück ist kein Zufall

- Das Vergleichen ist das Ende des Glücks und der Anfang der Unzufriedenheit.
- Glück ist eine bewusste Entscheidung.

- Fokussiere dich auf dein Metaziel und lebe deine Urmotivation.
- Hör auf dein Herz und folge deiner Intuition.
- Glücksmomente entstehen im Innen und nicht im Außen.
- Du kannst jede Sekunde selbst entscheiden, ob du glücklich sein willst oder nicht.
- Wenn du dir nicht die Zeit dafür nimmst, wirst du auch nicht glücklich sein.
- Starte ein Glückstagebuch.

SEIN BESTES GEBEN

Performance = Potenzial – Interferenzen. Werde zum Selbstmanager und zeige Initiative. Erfolgreiche Menschen setzen um, anstatt nur zu reden. Nur wenn du in der Lage bist, deine Gedanken bewusst zu lenken, kannst du deine volle Kraft entfesseln. Ein guter Coach kann hier viel Zeit, Geld und Nerven sparen, da du bereits von Anfang an auf die wichtigsten Themen hingewiesen wirst und diese nicht mühsam durch Rückschläge im Leben erfahren musst.

Handeln statt reden
- Werde zum Selbstmanager und beginne zu handeln.
- Erreiche nachhaltigen Erfolg, indem du kontrollierst, ob das, was du tust, auch wirklich funktioniert.
- Funktioniert das, was du tust, nicht, tue etwas anderes, bis du etwas gefunden hast, das funktioniert.
- Nicht Stärken stärken, sondern Interferenzen minimieren!
- Es ist nicht wichtig, immer auf Anhieb alles richtig zu machen, sondern stets dein Bestmögliches zu geben.

- Der Trick ist: Man muss sich ohne Grund gut fühlen können.
- Nur wenn du in der Lage bist, deine Gedanken selbst zu bestimmen, kannst du deine volle Kraft entfesseln.

Such dir Unterstützung
- An einem gewissen Punkt, nämlich immer dann, wenn du aus einer Idee eine Realität machen willst, musst du aktiv werden.
- Sei geduldig. Die wirklich wichtigen Dinge im Leben brauchen etwas Zeit.
- Ein gerader und neutraler Blickwinkel von außen (wie der eines Coaches) kann dich auf deinem Weg zielgerichtet unterstützen, Fehler zu vermeiden und deine Ziele schneller zu erreichen.
- Coaching bedeutet nicht nur, neue Ziele hinzuzufügen, sondern bestehende Blockaden zu lösen, um dein volles Potenzial nutzbar zu machen.
- Unglück entsteht durch die Geschichte, die man sich über eine Situation erzählt, und nicht durch die Situation selbst.
- Wer du glaubst, sein zu müssen, ist lediglich die Erinnerung an eine erfundene Geschichte. Das ist unsere größte Blockade.
- Nur die Art, wie wir über die eigene Geschichte denken, kann uns verändern.

Motivation beginnt im Innen
- Wenn du im Außen etwas verändern möchtest, musst du zuerst an dir selbst arbeiten.
- Nicht die Belohnung für eine abgeschlossene Handlung soll motivieren, sondern die Handlung selbst.

■ Statt für eine Belohnung in der Zukunft zu arbeiten, ist es erstrebenswerter, eine Tätigkeit auszuführen, die dich auch ohne Belohnung erfüllt.

NACHWORT

Mit diesem Buch habe ich versucht, dir meine persönlichen Grundsätze mit auf den Weg zu geben, die dir meiner Meinung nach ein Leben in Selbstbestimmung und Freiheit ermöglichen, indem du dein Selbstmanagement erfolgreich gestaltest.

Ich hoffe, du hast durch die Einsichten dieses Buches neue Ideen kennengelernt, um deine Gefühle, dein Verhalten und deine Denkweise besser zu verstehen und dich von der sozialen Programmierung lösen zu können. Ebenso hoffe ich, dass die teils kontroversen Themen dazu beitragen, dein Interesse an deiner persönlichen Entwicklung zu wecken oder es weiter zu steigern.

Besonders freuen würde ich mich, dich in einer unserer Ausbildungen zu erleben. Denn dort wirst du die Antwort auf viele Fragen finden, die dich im Kern deines Wesens prägen, positiv beeinflussen und nachhaltig verändern werden – egal, ob es die großen Lebensthemen sind, die dich beschäftigen, oder die immer wiederkehrenden Situationen im Alltag, bei denen du dich fragst:

- Warum passiert das immer mir?
- Was soll ich daraus lernen?
- Wie kann ich negative Situationen und Gefühle verändern, damit es mir besser geht und ich in Zukunft nicht mehr darunter leide?

Hast du jetzt das eine oder andere Mal genickt und dich wiedererkannt? Viele Menschen werden dies lesen und dann das gefährlichste Wort der Welt benutzen: *später.*

Nur ein paar Prozent gehören zu jenen, die vom Denken, vom Jammern, vom Hoffen, vom Planen, vom Vornehmem auch wirklich zum Handeln kommen. Auch wenn sie nichts zu verlieren haben und der erste Schritt vielleicht nicht einmal ein Risiko in sich birgt, bleibt es beim Gedanken. Wenn du zu der Handvoll Menschen gehörst, die anders sind, oder du zumindest den tiefen Wunsch hast, dein Leben weiter zu verbessern, dann mache nun den ersten Schritt:

Starte jetzt: www.ZHI.at

Ebenso hast du die Möglichkeit, mir auf meiner Facebook-Seite www.BenediktAhlfeld.com/Facebook zu folgen und bei meinem YouTube-Kanal www.BenediktAhlfeld.com/youtube vorbeizuschauen. Ich stelle laufend und kostenlos spannende Informationen und Videos rund um ein Leben nach eigenem Standard online.

Erinnere dich nun zurück an das Selfie, das du in der Mitte des Buches von dir machen solltest (auf Seite 103) und schau es dir nun nochmals an und stell dir vor: Dieser Mensch auf dem Foto ist eine fremde Person, die du nicht kennst. Vielleicht kommt sie dir gerade auf der Straße entgegen und spricht dich an. Sie sagt: »Hallo, irgendwie habe ich ein Gefühl der Verbundenheit zu dir. Könntest du mir vielleicht einen Tipp geben, was ich ab jetzt anders machen soll?«

Überleg einfach für dich:

Welchen einen Tipp würde ich dieser Person geben, was sie ab jetzt anders machen sollte?

_____

_____

_____

Wovon sollte sie mehr und wovon weniger tun?

_____

_____

_____

Zum Abschluss wünsche ich dir nochmals viel Freude mit diesem Buch, das dir hoffentlich auch in Zukunft als Inspiration dienen darf.

Alles Liebe,
Benedikt Ahlfeld

ÜBER DEN AUTOR

Benedikt Ahlfeld ist mehrfacher Bestsellerautor, staatlich geprüfter Unternehmensberater und hält Vorträge an Universitäten, für Regierungen und Top-100-Unternehmen in Deutschland, Österreich und der Schweiz. Seit über zehn Jahren leitet er die international agierende ZHI Consulting GmbH.

BIBLIOGRAFIE

Ahlfeld, B. & Forstik, M.: *Coaching mit NLP – Praxishandbuch.* Books on Demand 2019, Seite 15.

Ahlfeld, B. & Forstik, M.: *NLP Workbook II. Praxishandbuch für NLP-Master-Practitioner.* Books on Demand 2019.

Ahlfeld, B.: *Manipulations-Methoden. Erfolgreiche Gesprächsführung, Mittel der Rhetorik und Schutz vor gezielter Beeinflussung.* Books on Demand 2012.

Bisby, J. A. et al.: »Opposing effects of negative emotion on amygdalar and hippocampal memory for items and associations«, in: *Social Cognitive and Affective Neuroscience,* Vol. 11, Ausgabe 6, Juni 2016, S. 981–990.

Butcher, J. N., Mineka, S. & Hooley, J. M.: *Klinische Psychologie.* 13. Auflage. München 2009.

Covey, S. R.: *The 8th Habit: from Effectiveness to Greatness.* London 2007.

Dilts, R.: *Die Veränderung von Glaubenssystemen.* Paderborn 2006.

Drucker, P.: »Managing Knowledge Means Managing Oneselve«, in: *Leader to Leader,* Ausgabe 16, 2000.

Ekman, P.: *Gefühle lesen. Wie Sie Emotionen erkennen und richtig interpretieren.* München 2019.

Ekman, P.: *The Nature of Emotion.* Oxford 1994.

Eze, M. O.: *Intellectual History in Contemporary South Africa.* New York 2010.

Fischer, G. & Riedesser, P.: *Lehrbuch der Psychotraumatologie.* München, Basel 2003.

Gallwey, W. T.: *The Inner Game of Tennis. The Classic Guide to the Mental Side of Peak Performance.* New York 1974/2008.

Harari, Y. N.: *Eine kurze Geschichte der Menschheit.* München 2015.

Hassenzahl, M. & Diefenbach, S.: *Needs, affect, and interactive products-Facets of user experience.* DBLP Uni Trier 2011.

Dr. Khoshrouy-Sefat H: *Individualpsychologie Alfred Adlers (Eine Einführung).* Alfred Adler-Institut Mainz (AAIM). https://www.adler-institut-mainz.de/uploads/media/Individualpsychologie.pdf

Klein, S.: *Die Glücksformel oder Wie die guten Gefühle entstehen.* Hamburg 2002.

König, K.: *Abwehrmechanismen.* Göttingen 2007.

Meindl, R.: *Selbstverantwortung. Alfred Adlers Individualpsychologie in Beziehung, Beruf und Gesellschaft.* München 2014.

Merton, R. K.: »The self-fulfilling prophecy«, in: *The Antioch Review,* Jg. 8, 1948, S. 193–210.

O'Connor, J.: *NLP Workbook. A practical guide to achieving the results you want.* San Francisco 2001.

Pfeifer, W. et al.: *Etymologisches Wörterbuch des Deutschen.* München 1993.

Prem, H. J.: *Geschichte Altamerikas.* München 1989.

Racker, H.: *Übertragung und Gegenübertragung.* München 1970.

Rosenthal, J: *Pygmalion im Unterricht.* Weinheim 1971.

Rüedi, J.: *Die Bedeutung Alfred Adlers für die Pädagogik. Eine historische Aufarbeitung der Individualpsychologie aus pädagogischer Perspektive.* Bern 1988.

Ruiz, D. M.: *The Four Agreements. A Practical Guide to Personal Freedom (A Toltec Wisdom Book).* San Rafael 2008.

Titze M. & Kühn R. »Das Konzept der Identität in Theorie und Praxis der Individualpsychologie Alfred Adlers«, in: Petzold H. G. (Hrsg.), *Identität. Ein Kernthema moderner Psychotherapie.* Wiesbaden 2012.

Tolle, E.: *Jetzt! Die Kraft der Gegenwart.* Bielefeld 2010.

Veenhoven, R. *World Database of Happiness,* Erasmus Happiness Economics Research Organization. https://worlddatabaseof-happiness-archive.eur.nl, abgerufen am 10.10.2020.

ANMERKUNGEN

1 Meindl, R.: *Selbstverantwortung. Alfred Adlers Individualpsychologie in Beziehung, Beruf und Gesellschaft.* München 2014.

2 Jacoby, Henry: Alfred Adlers Individualpsychologie und dialektische Charakterkunde, Fischer Taschenbuchverlag, Frankfurt am Main, 1983.

3 Rüedi, J.: *Die Bedeutung Alfred Adlers für die Pädagogik. Eine historische Aufarbeitung der Individualpsychologie aus pädagogischer Perspektive.* Bern, 1988.

4 Quelle: https://www.stern.de/neon/herz/psyche-gesundheit/quarterlife-crisis–die-grosse-sinnkrise-in-den-zwanzigern-8368270.html, abgerufen am 07.08.2020.

5 https://defineyourworkplace.com/2013/07/18/in-a-few-hundred-years-when-the-history-of-our-time-will-be-written-from-a-long-time-perspective-it-is-likely-that-the-most-important-event-historians-will-see-is-not-technology-not-the-internet-2/

6 https://zitate.woxikon.de/freiheit/307-george-bernard-shaw-freiheit-bedeutet-verantwortlichkeit-das-ist-der-grund-warum-die-meisten-menschen-sich-vor-ihr

7 https://www.rowohlt.de/magazin/empfehlungen/kishimi-koga-du-musst-nicht-von-allen-gemocht-werden

8 Prem H. J.: *Geschichte Altamerikas.* München, 2007 (2. überarbeitete Auflage).

9 https://www.evidero.de/was-ist-der-schmerzkoerper

10 https://othes.univie.ac.at/13862/

11 https://othes.univie.ac.at/7017/

12 https://dorsch.hogrefe.com/stichwort/dissonanz-emotionale

13 https://www.sueddeutsche.de/wissen/psychologie-gefaehrliches-laecheln-1.910423-2, abgerufen am 12.04.2021.

14 https://lexikon.stangl.eu/16779/schatten

15 https://www.benediktahlfeld.com/podcast/emc-036-peter-orban

16 https://www.businessinsider.de/strategy/achtet-auf-die-fuenf-menschen-die-euch-am-naechsten-stehen-2017-2/#:~:text=comEinst%20sagte%20der%20erfolgreiche%20Unternehmer,%E2%80%9C

17 Ruiz, D.M., The Four Agreements, Seite 80.

18 https://rp-online.de/panorama/wissen/wovor-die-menschen-am-meisten-angst-haben_aid-10985707, abgerufen am 07.08.2020.

19 Ruiz, D.M., The Four Agreements, Seite 19.

20 http://content.time.com/time/magazine/article/0,9171,1580438,00.html, abgerufen am 05.08.2020.

21 Die Stimmulierung des Gehirns mithilfe starker Magnetfelder.

22 https://www.lesepunkte.de/rezensionen/yuval-noah-harari-eine-kurze-geschichte-der-menschheit

23 https://www.derstandard.at/story/1369363436463/der-mensch-als-physiologische-fruehgeburt, abgerufen am 07.08.2020.

24 https://alleantworten.de/wie-viel-des-gesamten-aufgenommenen-sauerstoffs-braucht-alleine-das-gehirn, abgerufen am 12.04.2021.

25 https://www.uibk.ac.at/theol/leseraum/bibel/joh1.html, abgerufen am 12.04.2021.

26 https://thebestyoumagazine.co/personal-freedom-and-good-feelings-by-dr-richard-bandler

27 https://www.nlplifetraining.com/personal-development/16-Bandlerisms-from-the-Co-Creator-of-NLP-Dr-Richard-Bandler

28 https://www.youtube.com/watch?v=XIk6QhLp_Ns

29 https://www.reisslandt.de/virginia-satir

30 https://www.reisslandt.de/virginia-satir

31 Amen, D., Das glückliche Gehirn: Ängste, Aggressionen und Depressionen überwinden - So nehmen Sie Einfluss auf die Gesundheit Ihres Gehirns, Goldmann 1996, S. 28 ff.

32 Bisby, J. A. et al.: »Opposing effects of negative emotion on amygdalar and hippocampal memory for items and associations«, in: *Social Cognitive and Affective Neuroscience*, Vol. 11, Ausgabe 6, Juni 2016, S. 981–990.

33 https://www.quotez.net/german/paul_watzlawick.htm

34 Onyebuchi Eze, M.: *Intellectual History in Contemporary South Africa*. New York 2010.

35 Titze M. & Kühn R.: »Das Konzept der Identität in Theorie und Praxis der Individualpsychologie Alfred Adlers«, in: Petzold H. G. (Hrsg.), *Identität. Ein Kernthema moderner Psychotherapie*. Wiesbaden, 2012.

36 Dr. Khoshrouy-Sefat H.: *Individualpsychologie Alfred Adlers (Eine Einführung)*. Alfred Adler-Institut Mainz (AAIM). https://www.adler-institut-mainz.de/uploads/media/Individualpsychologie.pdf, S. 12.

37 Dr. Khoshrouy-Sefat H: Individualpsychologie Alfred Adlers (Eine Einführung). Alfred Adler Institut - Mainz (AAIM). https://www.adler-institut-mainz.de/uploads/media/Individualpsychologie. pdf, S. 12.

38   Ahlfeld, B. & Forstik, M.: *NLP Workbook II. Praxishandbuch für NLP-Master-Practitioner.* Books on Demand, 2019.

39   Hassenzahl, M. & Diefenbach, S.: *Needs, affect, and interactive products-Facets of user experience.* DBLP Uni Trier, 2011.

40   https://www.goodreads.com/quotes/299593-lose-your-mind-and-come-to-your-senses

41   Herta Orgler, 1974, Alfred Adler, Triumph über den Minderwertigkeitskomplex https://akademie-individualpsychologie.ch/alfred-adler-eine-ungewoehnliche-geschichte/

42   Die Gesetze des Geistes (auf der Basis der Emotional Guidance Scale™, Copyright Abraham-Hicks.com. Alle Rechte an dem ursprünglichen Format der Emotional Guidance Scale hält Abraham-Hicks).

43   Merton, R.K.: »The self-fulfilling prophecy«, in: *The Antioch Review,* Jg. 8, 1948, S. 193–210.

44   https://www.spektrum.de/news/unsere-inneren-universen/1696550, abgerufen am 13.09.2020.

45   Kühn, R., Individual-gemeinschaftliche Lebensrealität als Dialektik und Fiktion bei Alfred Adler, S. 16 http://centroadleriano.org/wp-content/uploads/2016/04/Adler.pdf

46   Rosenthal, J.: *Pygmalion im Unterricht.* Weinheim, 1971.

47   https://de.wikipedia.org/wiki/Pygmalion-Effekt

48   https://uol.de/f/5/inst/biologie/ag/didaktik/Ulrich/Res_deutsch.pdf, abgerufen am 12.04.2021.

49   https://www.welt.de/kultur/article170910894/Niemand-soll-denken-Jim-Carrey-sei-ein-Arschloch.html, abgerufen am 08.08.2020.

50   https://www.imdb.com/title/tt4810100/

51 Quelle: https://www.welt.de/kultur/article170910894/Nie-mand-soll-denken-Jim-Carrey-sei-ein-Arschloch.html, abgerufen am 08.08.2020.

52 https://www.imdb.com/title/tt4810100/

53 Pfeifer, W.: *Etymologisches Wörterbuch des Deutschen*. 2. durchgesehene und erweiterte Auflage. München, 1993. Stichwort: Religion.

54 https://educalingo.com/de/dic-de/inkarnation

55 https://www.grin.com/document/439387, abgerufen am 22.09.2020.

56 Titze, M. (1995): Denken. In: Brunner, Reinhard & Titze, Michael (Hrsg.) (1995): Wörterbuch der Individualpsychologie. 2. neubearb. Aufl. Ernst Reinhardt Verlag: München.

57 Tolle, E., Freiheit von Gedanken, Hörbuch (2004), J. Kamphausen Verlag - vgl. https://www.amazon.de/Freiheit-von-Gedanken/dp/B01ICUPPAE

58 Dahlke, R., Seeleninfarkt: Zwischen Burn-out und Bore-out – wie unserer Psyche wieder Flügel wachsen können, Goldmann Verlag (2014), S. 78.

59 https://gutezitate.com/zitat/253234, abgerufen am 12.04.2021.

60 https://www.bmfsfj.de/resource/blob/94968/4911ef-06d7e66d8490a104bfa1b0e151/prm-24421-sr-band-212-data.pdf, S. 23, abgerufen am 12.04.2021.

61 Österreichischer Suizidbericht der MedUni Wien, https://www.bmgf.gv.at/cms/home/attachments/9/0/5/CH1453/CMS1410263464786/praes_1_zahlen_daten_fakten_-_der_oesterreichische_suizidbericht_kapusta.pd

62 https://gedankenwelt.de/alfred-adler-der-vater-der-individualpsychologie/

63 »Ätiologie (griech. αἰτιολογία aitiología – von αἰτία aítia ›Ursache‹ und lógos ›Wort‹, ›Lehre‹), die Lehre von den Ursachen und ihren Wirkungen, gilt gewöhnlich als der zweite Teil der spekulativen Metaphysik, während der erste, die Ontologie, vom Wesen der Dinge und der dritte, die Teleologie, von dem Zwecke derselben handelt.« (siehe Kirchner, F. & Michaëlis, C.: *Wörterbuch der Philosophischen Grundbegriffe.* 5. Auflage. Leipzig, 1907)

64 https://de.wikipedia.org/wiki/Individualpsychologie

65 Jung, C. G.: *Die Dynamik des Unbewußten. Gesammelte Werke.* Walter-Verlag 1995, S. 3 ff..

66 https://www.youtube.com/watch?v=hwHbqLWu6G8, abgerufen am 12.04.2021.

67 Meindl, R.: *Selbstverantwortung. Alfred Adlers Individualpsychologie in Beziehung, Beruf und Gesellschaft.* München 2014, Seite 88.

68 http://www.bruehlmeier.info/adler.htm

69 Butcher, J. N., Mineka, S. & Hooley, J. M.: *Klinische Psychologie.* 13. Auflage. München, 2009, S. 302.

70 Maier, S. F. & Seligman, M. E. P.: »Learned helplessness at fifty: Insights from neuroscience«, in: *Psychological Review.* Band 123, Nr. 4, S. 349–367.

71 https://beruhmte-zitate.de/zitate/968828-anais-nin-wir-sehen-die-dinge-nicht-wie-sie-sind-wir-sehen/

72 https://docplayer.org/17800905-Einfuehrung-in-die-grundlagen-der-kommunikation.html

73 https://www.aphorismen.de/zitat/16277

74 Bibel (Lutherbibel 2017, Römer 2:1)

75 https://www.youtube.com/watch?v=pmBDCZ-qWNA

76 https://www.aphorismen.de/suche?text=Sein&f_zeit=heute& f_autor=7091_Markus+Weidmann, abgerufen am 12.04.2021.

77 Veenhoven, R., *World Database of Happiness*, Erasmus Happiness Economics Research Organization. https://worlddatabaseofhappiness-archive.eur.nl, abgerufen am 10.10.2020.

78 Klein, S.: *Die Glücksformel oder wie die guten Gefühle entstehen.* Hamburg, 2002.

79 https://www.grammy.com/grammys/artists/stevie-wonder/8257, abgerufen am 12.04.2021.

80 https://www.zitate.eu/autor/claudius-caecus-appius-zitate/8130, abgerufen am 12.04.2021.

81 https://www.azquotes.com/quote/927272

82 Doetsch, P. A., Mitarbeiterführung: Fair + Erfolgreich: Mehr Motivation und Lebensqualität für sich und andere, Springer-Verlag (2004), S. 21.

83 Gallwey, W. T.: The Inner Game of Work: Focus, Learning, Pleasure, and Mobility in the Workplace, Random House Trade Paperbacks (2011), S. 17.

84 https://www.zitate.eu/autor/john-locke-zitate/76841

85 https://www.agil-werden.de/themen-archiv/sinn-nach-frankl, abgerufen am 06.08.2020.

86 https://www.indienaktuell.de/kultur/die-puja-symbole-und-rituale-406660, abgerufen am06.08.2020.

87 Covey, S.R.: The 8th Habit: from Effectiveness to Greatness. London 2007. S. 331.

88 https://www.wertesysteme.de/freiheit